O Jovem
e a violência

Haroldo Lopes

O Jovem e a violência

ELEVAÇÃO

Copyright © 2006 by Haroldo Lopes

Produção editorial: *Equipe Elevação*
Revisão: *Silvia Bovino*
Impressão: *Mundial Artes Gráficas*
Diagramação e Capa: *Alziro Braga*

Depósito legal na Biblioteca Nacional conforme
Decreto nº 1.825, de 20 de dezembro de 1907.

Dados Internacionais de Catalogação na Publicação (CIP)
(Câmara Brasileira do Livro, SP, Brasil)

Lopes, Haroldo
O jovem e a violência / Haroldo Lopes. -- São Paulo :
Elevação, 2006.

1. Adolescência 2. Psicologia do adolescente 3. Violência I. Título.

06-1556   CDD-155.5

Índices para catálogo sistemático:

1. Adolescência e violência : Psicologia do adolescente   155.5
2. Violência e adolescência : Psicologia do adolescente   155.5

ISBN 857513059-5

Todos os direitos desta edição
reservados à Editora Elevação
Av. Rudge, 938 — Bom Retiro
São Paulo/SP — Brasil — CEP 01134-000
Tel.: (11) 3358-6868 — Fax: (11) 3358-6869
www.elevacao.com.br
info@elevacao.com.br

Sumário

Prefácio 7
Introdução 9

Primeira parte
Capítulo I –
Fatores de risco na infância e na juventude 15
Capítulo II – Limites 25
Capítulo III – A Natureza ensina 29
Capítulo IV – O empurra-empurra dos irmãos 43
Capítulo V – A adolescência e a violência 51
Capítulo VI – Internet e videogames violentos 57
Capítulo VII – Quem são os amigos de seu filho? 61
Capítulo VIII – Não querem conversar com os pais 65
Capítulo IX – Pancadarias 69
Capítulo X – Bebidas alcoólicas 73
Capítulo XI – Sumiu! Quem pegou? 77
Capítulo XII – A violência e o momento social 81
Capítulo XIII – Responsabilidade dos filhos 89

Segunda parte
Capítulo I – O jovem precisando de ajuda 97
Capítulo II – Aos pais – Como agir 117
Capítulo III– Casos graves 131
Capítulo IV – Mensagens 139

Terceira parte
Capítulo I – Desigualdade social 147
Capítulo II – Violência 153
Capítulo III – Sistema educacional 159
Capítulo IV – Mãe social 163
Capítulo V – Drogas 165
Capítulo VI – Prostituição 169
Capítulo VII – Por que os homens jovens
são os mais violentos? 171
Capítulo VIII – Jogos eletrônicos 173
Capítulo IX – Suicídio e auto-agressão 175
Capítulo X – Tráfico de jovens 179
Capítulo XI – Conclusão 181

PREFÁCIO

Vivemos um momento em que a violência se tornou uma preocupação generalizada. As estatísticas assustam. As vítimas são jovens de todas as classes sociais.

Oportunamente, o psicólogo Haroldo Lopes, amigo e colaborador do rádio e da TV, traz, por meio deste livro, uma luz para que pais e educadores se utilizem destas orientações e possam, precocemente, detectar sintomas e ajudar crianças e jovens, preparando-os para uma sociedade mais humana e solidária. A leitura é fácil e indispensável pela riqueza das orientações, estatísticas e dados.

Haroldo Lopes possui extrema sensibilidade e grande profissionalismo. Por isso recomendo sua obra.

Sônia Abrão
Jornalista e apresentadora

Introdução

O intuito deste livro é fazer um alerta sobre a violência, que afeta principalmente os jovens. A sociedade, como um todo, deve ser mobilizada para pensar acerca das causas e das possíveis soluções, pois vivemos o século da pressa. A Ciência cresce de forma espantosa; porém, as relações humanas não estão acompanhando essa evolução na mesma proporção.

Não é raro, no cotidiano, observarmos um policial fazendo suas anotações ao lado de um corpo coberto, enquanto todos passam despercebidos da ocorrência de que alguém perdeu a vida. Parece que faz parte do cenário da cidade grande. Estamos nos alienando.

Se sempre houve certa transgressão na adolescência, ela jamais assumiu o caráter ao mesmo tempo de massa e de distanciamento em relação ao mundo todo que atualmente apresenta. Quando tal caráter de massa se estabelece, é porque existe um fato novo sucedendo. Nunca nossos jovens morreram e mataram tanto. Hesitantes e inábeis, procuram um sistema de referência que os ajude a sobreviver. É o jovem problemático ou apenas o reflexo de uma sociedade com problemas de violência?

As desigualdades sociais, a má distribuição de renda, a violência, os jogos eletrônicos, a prostituição infantil e o consumismo desenfreado são acontecimentos que, em conjunto, assumiram tamanha força que abalaram a influência da família sobre o jovem. Isso é visivelmente marcante quanto às gerações passadas.

O problema do jovem e da violência é complexo; envolve diversos aspectos. Como não é possível uma solução social a curto e médio prazos, o objetivo deste livro é apresentar o melhor modo de agir em casa, na família, de forma preventiva e emergencial, a fim de ajudar a diminuir as mortes violentas que ocorrem entre os jovens.

Em agosto de 2005, o Ministério da Saúde brasileiro informou que, em 2003, 108 pessoas morreram por dia com armas de fogo, ou seja, 9 pessoas a cada duas horas, sendo a maioria jovens. E, de acordo com o Fundo Social das Nações Unidas para a Infância (Unicef), as mortes violentas são a principal causa de óbitos de crianças e de adolescentes no País. Para os representantes desse organismo internacional no Brasil, é urgente que encontremos maneiras de garantir que cada jovem cresça sem violência.

Depois de abordar a prevenção e as soluções imediatas para minimizar as estatísticas da violência juvenil, serão apresentados alguns dados, considerações, estatísticas e fatos envolvendo o assunto "O jovem e a violência".

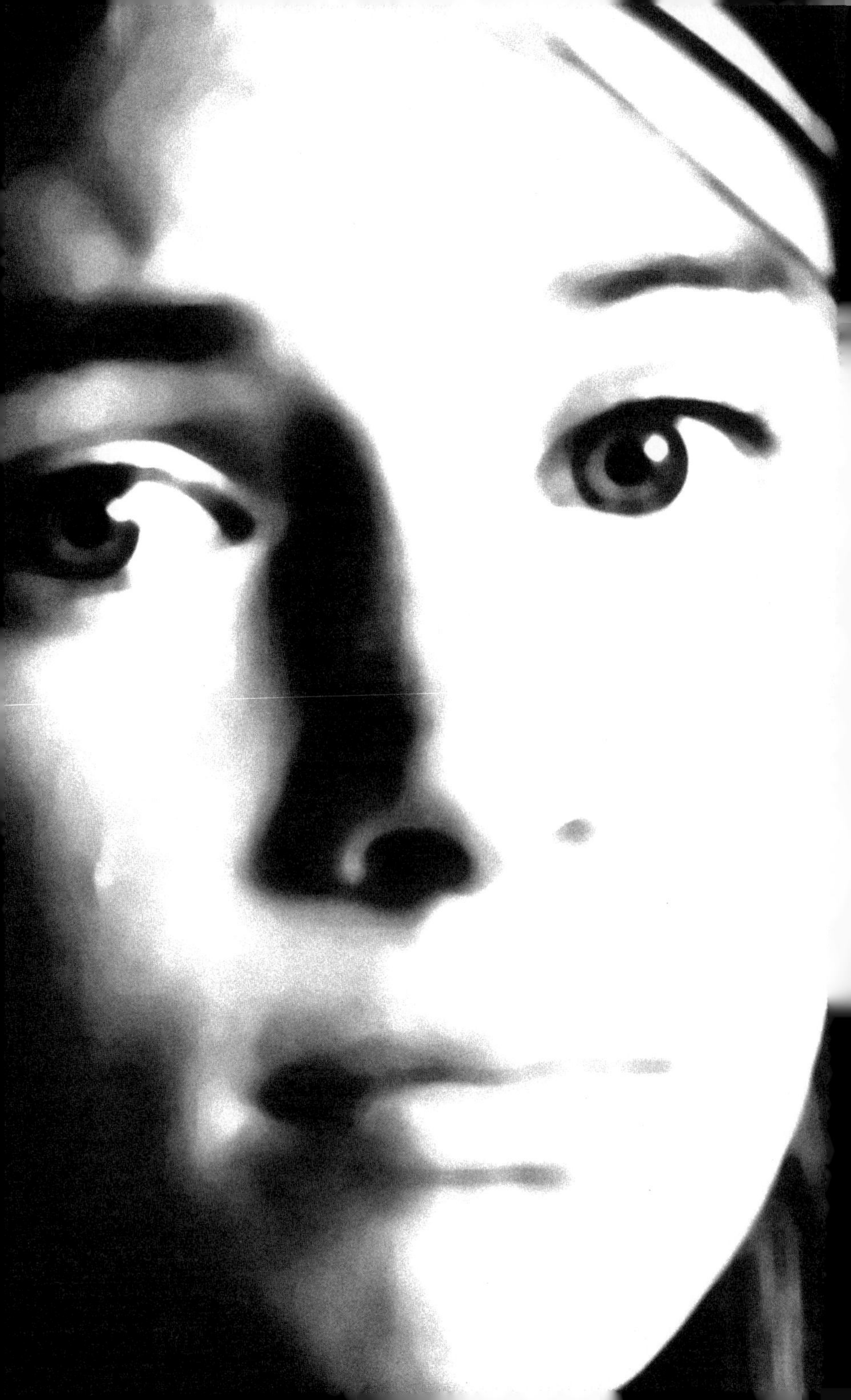

Primeira parte

Capítulo I
Fatores de risco na infância e na juventude

Sem dúvida alguma, os programas sociais que visam a diminuir os fatores de risco do crime e da violência na infância são de extrema importância na prevenção dos atos criminosos cometidos contra a criança e o adolescente. Podemos destacar aqui os atos de violência mais comuns à criança:

1) **Maus-tratos** — São os casos de violência física e/ou psicológica produzidos pelos pais ou responsáveis legais.

2) **Abuso sexual** — Significa qualquer tipo de ato libidinoso praticado por adulto contra criança, desde o mero contato com intenção sexual à violência maior do estupro e do atentado violento ao pudor.

3) **Exploração sexual comercial de crianças e adolescentes** — É a utilização de criança e/ou adolescente em atividades sexuais, com contato ou não, visando à obtenção de lucro.

4) **Negligência** — É representada pelo abandono, pelo descaso, pela falta dos cuidados elemen-

tares para com a criança e da necessária supervisão a que elas têm direito.

Pesquisas específicas realizadas em todo o mundo confirmaram que programas que envolvem visitações domiciliares por agentes de saúde orientando gestantes em comunidades carentes, bem como nos primeiros anos de vida das crianças, podem produzir efeitos impressionantes na prevenção da violência e da criminalidade na adolescência e na vida adulta. Esses programas têm como finalidade esclarecer as famílias mais carentes em relação aos maus-tratos, ao abuso sexual e à negligência, fatores que são fortes desencadeadores da violência e da criminalidade.

A escola é de suma importância no monitoramento das crianças, não só quanto a seu desenvolvimento físico, como também psíquico. Casos de maus-tratos, abuso sexual e negligência poderão ser facilmente identificados em sala de aula se os professores receberem o treinamento necessário. Portanto, o diagnóstico precoce feito por pessoas capacitadas e treinadas possibilita o tratamento das crianças vitimadas.

Verifica-se, ainda, que as famílias nas quais há muitos filhos apresentam um fator de risco maior para o crime e a violência, talvez pela dificuldade dos pais em dar atenção e carinho a tantos filhos, por terem mais conflitos, estresse, etc. Essas famílias merecem prioridade nesses programas. Por outro lado, as prefeituras devem estimular o planejamento familiar, orientando os casais em relação à responsabilidade da maternidade e da paternidade, além de facilitar o acesso aos meios de contracepção.

Outro fator preventivo, socialmente falando, são as campanhas e programas em que as famílias são aconselhadas a combater a punição física e as humilhações a que as crianças, muitas vezes, são submetidas, reforçando a necessidade de carinho, de atenção e de supervisão da educação de seus filhos. Os pais também devem ser estimulados a impor limites, sem violência, e a construir a idéia da disciplina fundamentada em regras claras, em recompensas diante de um bom comportamento e em conseqüências por atitudes indesejáveis, mas nunca em palmadas e outras agressões físicas. A falta de interesse, a permissividade e a ausência de regras são aspectos desaconselháveis na formação de um indivíduo.

Fatores de risco na escola

Qualquer política séria de prevenção à criminalidade na infância conta com a escola no diagnóstico precoce, em sala de aula, de maus-tratos, abuso sexual e negligência. É preciso, porém, discutir a relação da escola com a violência e o crime.

Hoje, é inegável a violência nas escolas com o consumo de drogas, porte de armas e até mortes entre os estudantes. Por falta de uma política pública que prepare melhor a comunidade escolar, o que se tem visto é a adoção de medidas repressivas e de imposição ilegal de formas de controle e revista dos alunos. A polícia tem sido convocada a resolver problemas relacionados com a violência dentro do ambiente escolar. Normalmente, essas iniciativas tendem a piorar a situação, porque produzem nos estudantes a sensação de que professores e dirigentes não são capazes de solucionar problemas internos da escola e que não confiam neles.

Nas escolas, as crianças enfrentam outro tipo de violência, silenciosa, mas igualmente nociva à formação emocional dos jovens. O termo inglês *bullying* — não temos ainda uma palavra equivalente na língua portuguesa — denota qualquer tipo de agressão ou humilhação praticada entre os alunos (desde o tratamento desrespeitoso e/ou preconceituoso e as técnicas de humilhação e exclusão até os casos de furto e roubo e as práticas de agressão física e tortura). Para muitas crianças, essas experiências constituem um sofrimento insuportável e são motivo para um mau desempenho e evasão escolar. Esse é um tipo de violência invisível, que se reproduz, muitas vezes, em sala de aula.

A experiência internacional tem demonstrado que as escolas que aplicam regras severas de disciplina, com ênfase nas punições, pouco têm alcançado em termos de resultado. Por outro lado, as escolas muito permissivas que não possuem regras disciplinares também não oferecem prevenção para as condutas indesejáveis. Os melhores resultados têm sido obtidos em escolas que conseguem focar a disciplina com regras claras e que, ao mesmo tempo, permitem aos alunos uma margem de construção dessas regras, trabalhando com técnicas de recompensa aos bons comportamentos e sanções disciplinares de caráter pedagógico.

Estudos demonstram que as escolas que investem em programas relacionados às iniciativas pedagógicas direcionadas ao crescimento do aluno não só em relação à sua competência, mas também à sua habilidade social, ao seu autocontrole, ao seu mecanismo para lidar com o estresse, à responsabilidade da tomada de decisões, à resolução de problemas sociais e à sua comunicação interpessoal são especialmente mais bem-sucedidas na prevenção de condutas violentas.

Nossos representantes públicos devem estar atentos ao problema da evasão escolar. A criminalidade e a violência são fatores muito ligados ao abandono escolar, pois é muito mais provável que jovens que se evadiram da escola pratiquem atos infracionais sérios quando comparados com aqueles que mantêm seu vínculo com ela. Assim, investir na redução da evasão escolar será sempre uma iniciativa muito importante para a prevenção.

* * * * *

Sabe-se que adolescentes e jovens adultos, em algum momento de sua vida, se envolvem em situações de violência ou em alguma conduta ilegal. Sabe-se também que, em geral, eles tendem a se afastar dessas situações a partir do momento em que fatores importantes em sua existência determinam o amadurecimento. Esses fatores podem ocorrer, por exemplo, quando o jovem entra no mercado de trabalho, ou ao se casar, ou quando nasce o primeiro filho, ou ao ingressar no serviço militar, etc. Portanto, apenas uma pequena parcela dos jovens persistirá na delinqüência. Boa parte deles somente transitará por ela e depois seguirá sua vida aderindo às normas de convívio e à lei.

De qualquer forma, a delinqüência juvenil precisa ser tratada. Infelizmente, o que temos visto é o resultado catastrófico dos encarceramentos para jovens, encarceramentos esses que parecem muito mais uma escola do crime do que propriamente de recuperação do adolescente.

O consumo de drogas — entre elas o tabaco e o álcool — está relacionado ao envolvimento dos jovens em situações e conflitos nos quais eles serão vítimas ou autores de atos infracionais. Da mesma forma, a posse de qualquer tipo de arma constitui um fator importante de risco da infração.

Pesquisas realizadas em todo o mundo demonstram que é cada vez maior o número de jovens que cometem delitos em grupos, do tipo "gangue". São pessoas que se juntam para firmar algum tipo de poder ou influência na região em que vivem.

Portanto, esses três fatores de risco — drogas, armas e gangues — devem ser o foco das medidas específicas de prevenção.

Jovens que consomem drogas normalmente o fazem porque encontram algum tipo de recompensa de prazer nessa relação. Para prevenir o consumo, então, é necessário que o jovem se integre em outros grupos em que ele se identifique, em que haja algum projeto do interesse dele, mas que a droga não seja funcional.

Em relação aos dependentes químicos, os municípios devem investir em programas que assegurem o tratamento do jovem dependente. No Brasil, ainda são raros os tratamentos oferecidos pelo Poder Público.

Muitos jovens podem sair de gangues se forem sensibilizados a praticar ações concretas. Em geral, as ações repressivas, realizadas em especial pela polícia, só reforçam a coesão dos integrantes, reforçando a "cultura infracional". Em uma experiência bem-sucedida ocorrida na cidade de Macapá em 1998, o policiamento obteve uma redução de cerca de 50% nos indicadores de criminalidade na região ao conseguir a extinção de uma gangue juvenil cujos integrantes (46 ao todo) aderiram ao programa de policiamento comunitário, formando um destacamento de colaboração com a Polícia chamado "Anjos da Paz", que, atualmente, oferece segurança à tradicional Feira do Pescado local.

Mas não é somente o jovem de classe pobre que se envolve com gangues. Alguns grupos de classe média também são reconhecidos pela violência. É necessário, portanto, conhecer cada situação e aplicar a política específica.

Outro tema que merece toda a nossa preocupação em relação à prevenção da violência e à promoção da segurança se refere às medidas para melhorar as condições de ressocialização do jovem em conflito com a lei, em especial daquele privado de liberdade, geralmente afastado da comunidade e da família. No que diz respeito à condução das medidas de liberdade assistida e de semiliberdade, alguns municípios brasileiros têm realizado estratégias de mobilização comunitária. Exemplo disso são Santo Ângelo/RS, Boa Vista/RR, Recife/PE e Belo Horizonte/MG. Verificou-se nesses locais a figura de orientadores comunitários voluntários que acompanham o adolescente no dia-a-dia, dando suporte ao técnico responsável pelo jovem. Mas sabemos que, na maioria dos municípios brasileiros, ainda estamos longe de uma ressocialização juvenil. O que perdura é o distanciamento da comunidade e a falta da implementação de medidas socioeducativas.

Se no sistema de liberdade vigiada há problemas, a criatividade ainda é menor na situação de privação de liberdade. Certamente, tivemos avanços conceituais nas formas de atendimento e de prevenção da infração juvenil (priorização de modelos pedagógicos e desenvolvimento de potencialidades), que se distanciam dos antigos modelos punitivos, mas ainda não foram suficientes para reverter a prática institucional conservadora.

Os municípios devem incentivar campanhas em favor do desarmamento. Jovens que portam armas, em geral, já lidam com elas desde cedo. Pais que valorizam armas têm mais possibilidades de ver seus filhos carregando uma arma. Com o estímulo do desarmamento, veremos a diminuição do número de mortes acidentais e de graves ferimentos produzidos pelo manejo inadequado de armas nas residências, de suicídios, etc. Por fim, o desarmamento permitirá que um número menor de armas de fogo adquiridas legalmente seja apropriado por infratores em furtos e assaltos.

Especialmente entre os adolescentes, o porte de uma arma de fogo tem um significado de poder, de impressionar os colegas, de chamar a atenção como se fosse algo positivo, capaz de oferecer a quem a carrega uma distinção ou sinal de respeito. São esses valores que precisam ser mudados. Portar uma arma deve ser visto como um sinal de falta de inteligência. Assim, por exemplo, as administrações municipais podem organizar concursos literários, festivais de música, mostras de grafite, dança de rua, *shows* de *rap*, etc., todos norteados pelo tema do desarmamento.

Capítulo II
Limites

Como observamos, dar carinho é a melhor forma de receber o ser no mundo; contudo, todos nascemos "bichinhos", somente com impulsos e instintos. A socialização e o preparo da criança para o mundo, para que se perceba e também perceba os outros, bem como os direitos e deveres dela (criança) e de toda a sociedade, são deveres dos pais, dos educadores e do Estado.

É fundamental, já que todo esse trabalho se inicia no lar, que os pais acreditem que dar limites aos filhos é uma prova de amor. Ninguém pode respeitar o semelhante se não conhece limites.

Há algumas décadas, crianças e adolescentes não tinham direitos, apenas obedeciam; caso contrário, o castigo era inevitável, incluindo surras. Hoje, alguns jogam, "de brincadeira", álcool no mendigo, tornando-o uma fogueira humana; estupram uma colega; picham monumentos; dirigem automóveis; usam drogas e armas; e se envolvem em conflitos violentos. E nós, pais? Qual é a nossa missão?

Primeiramente, devemos certificar-nos de que talvez não seja somente o jovem que esteja perdido. Ele também é vítima de uma sociedade adoecida, na qual os pais estão inseridos. Muitos pais perderam a noção de certo e de errado, de cidadania, de ética, de moral, de disciplina, de conceito de família, de civismo, de hierarquia, de justiça e até mesmo de religiosidade. Educa-se mais pelos exemplos do que pelos aconselhamentos. Nós, pais, antes de exigirmos, devemos investigar como andam esses conceitos em nossa vida. Muitos pais foram vítimas, na infância e na adolescência, de excessos disciplinares e de autoritarismo, tornando-se pessoas sofridas. Dessa forma, não percebem que compensam suas angústias da educação sendo muito permissivos e não dando limites aos filhos com medo de que possam estar repetindo o passado.

"O homem recebe duas classes de educação: uma, a que lhe dão os demais; outra, a mais importante — que ele dá a si mesmo."
(Gibbon)

Por isso não se iluda: educar uma criança é um processo difícil e cheio de novidades. Muitos pais temem ser autoritários porque vieram de educação rígida e não desejam a seus filhos os frutos indesejáveis da repressão e do autoritarismo.

Acredito que muitos acabam fazendo uma "formação reativa", ou seja, sentem-se tão mal por causa dos excessos autoritários e repressivos sofridos que vão para o outro extremo, o "libera geral", achando que, agindo assim, não traumatizarão seus filhos. Engano! Os extremos são patológicos. O excesso de autoridade gera violência, e a falta de limites, também. Como diz o provérbio, "O equilíbrio está no meio-termo".

Portanto, entenda que educar significa:

— mostrar o que é certo e o que é errado no convívio social;

— ter ciência de que os filhos repetem o comportamento dos pais;

— dialogar com os filhos, explicando o que deve ou não ser feito;

— agir conforme os direitos universais da criança e do adolescente;

— corrigir e, se necessário, punir o filho. Nesse caso, faça-o sem violência, porém sempre esclarecendo o motivo e as alternativas da mudança de conduta;

— respeitar o espaço e o direito dos filhos;

— colaborar para construir um mundo mais justo; e

— demonstrar carinho e respeito para com os filhos.

Ter consciência de que sempre há algo a aprender sobre como lidar com crianças e adolescentes é um dos propósitos deste livro.

Capítulo III
A Natureza ensina

A agressividade é inata e apresenta seus valores, muitas vezes, saudáveis quando bem aplicados. É por meio dela que se reage em legítima defesa e se faz justiça, permitindo o auto-respeito, além de facilitar o bem-estar físico, mental e social. Todavia, essa qualidade pode adoecer e trazer sérias complicações à pessoa em questão e ao meio.

Quando uma criança ou um jovem demonstra dificuldades nessa área, procura-se um especialista para ter a orientação adequada. Em épocas remotas, os pais educavam pela intuição ou talvez pela percepção da Natureza, a exemplo do nascimento, já que por meio deste se tem os primeiros contatos com os sentimentos de amor, raiva e reparações. É na vida intra-uterina que talvez se recebam informações do inconsciente da mãe e do meio. Pelo cordão umbilical, o feto obtém os nutrientes e o oxigênio. São nove meses de temperatura estável, e tudo é recebido de forma automática; há um equilíbrio para que a vida se desenvolva dentro do princípio do prazer. O feto não precisa esforçar-se, não precisa falar, para que suas necessidades básicas sejam atendidas; tudo sucede naturalmente.

O primeiro trauma, para muitos estudiosos, ocorre no parto, ou seja, o passar por um lugar estreito, incômodo, com mudanças de temperatura; o "aperta daqui e dali". Enfim, nasce a criança. O cordão é seccionado. A partir desse momento, os alimentos deverão ser solicitados, e qualquer incômodo, como cólicas, temperatura e outros desconfortos, deve ser sinalizado via reclamações de choro e agitação.

Quando esses incômodos ocorrem, a criança tem o primeiro contato com a frustração e experimenta a raiva. Chora, fica enrubescida e agita-se. É como se a vida estivesse enviando o seguinte recado: "Você acaba de entrar para o mundo da realidade. Nem sempre seus desejos serão atendidos de imediato". É o início do estágio da tolerância e da percepção suposta do "mal". O amor da mãe é percebido sob o manto da raiva, pois o abandono momentâneo é sentido, e o bebê não tem o bom senso e a organização dos fatos para entender que a mãe foi, por exemplo, ao banheiro fazer suas necessidades. Na verdade, sente raiva e gostaria de agredir por meio do choro e dos movimentos agitados, que, em sua fantasia, significam "Fui abandonado; não sou querido".

Quando a mãe se reaproxima e o bebê mama, as necessidades deste voltam a ser satisfeitas. É como se a mãe voltasse a ser amada, e ele faz as pazes com a vida, sentindo-se novamente saciado pela reparação. É a primeira lição de vida para o bebê: a vivência inevitável do pós-parto, cuja síntese é amor, raiva e reparação.

Para muitos especialistas em personalidade, aqui talvez seja uma estação de definições, em que a criança pode definir-se como uma pessoa com habilidades para aceitar as frustrações e lidar com a raiva, bem como pode ser o início de uma vida de desconfiança, raiva e violência.

As lições não param por aí. Se tudo ocorrer bem em relação aos pais, quando o bebê completa um ano é o momento de colocá-lo em seu quarto, separado, para que o casal tenha sua intimidade. Como explicar essa situação à criança? Mais uma vez, a frustração e a raiva: "Por que eu aqui, sozinha, enquanto os dois dormem juntinhos?". Na fantasia do bebê, a mãe deveria ser só dele, e jamais ser dividida com o pai. Sucedem-se noites de choro com raiva, minimizadas com a presença da mãe e a recompensa das mamadas.

Ainda pode ocorrer o fato de a mãe estar grávida de novo. O bebê primogênito pode sentir: "Dizem que esta barriga grande é outra criança que chamam de irmão. Vou ter de dividir mais ainda o amor da mamãe!".

São estágios cruéis para a criança, que percebe o mundo via afeto, e não com a razão. Daí a compreensão de que o curso da vida é neurotizante e cheio de raiva. O papel dos pais é conversar, explicar e dar muito carinho para que a criança cresça e vença seus primeiros obstáculos, até que entenda que o processo é universal, e não somente com ela.

Mais uma vez é importante salientar que algumas crianças podem apresentar sérios transtornos afetivos e persecutórios ao vivenciar essas etapas. Além de explicar para a criança o motivo da chegada do irmão e por que os pais querem dormir sozinhos, o carinho deve ser constante, por meio de beijos, abraços, os quais devem sempre ser acompanhados de expressões que esclareçam o ato. Por exemplo: ao se beijar o filho, deve-se dizer "Amo você".

Agindo-se dessa forma, desenvolvem-se no cérebro da criança as áreas que correspondem ao afeto e aos sentimentos de amor, os quais serão retransmitidos no futuro.

Muitos adultos, principalmente homens, têm dificuldade em dizer "Amo você. Estou apaixonado", porque não foram treinados, desde pequenos, a verbalizar o que sentiam. Portanto, deve-se dar carinho físico e ensinar a representação do ato por meio da linguagem correspondente para, no futuro, a criança repetir o ato e a fala que completam o ato de amor.

Na vida adulta, muitas vezes, observa-se um jovem inteligente, porém frio. Ele não sabe falar de sentimentos nobres, muito menos os transmite. Para ilustrar o que afirmamos, uma revista trouxe, na capa, um jovem com o rosto dentro de um cubo de gelo e o título "Frio de emoções". Compreende-se, assim, que nada parece comover certas pessoas; o afeto delas parece congelado, engessado. Isso talvez seja resultado de experiências infantis mal elaboradas, ou, quem sabe, tenham faltado as lições, o aprendizado e o desenvolvimento do afeto. Essas áreas, no cérebro, não foram estimuladas; parece que os registros de amor foram poucos para formar afeto suficiente.

Sempre houve necessidade dos nove meses para que o ser humano nasça. Há situações em que o Homem não pode tentar mudar a Natureza; porém, em alguns casos, tenta-se mudá-la. Por exemplo, muitas mães evitam o amamentar com receios estéticos; muitas famílias, precocemente, colocam seus filhos em escolinhas, institucionalizando-os e diminuindo o convívio e o contato físico vital dos primeiros anos. Resultado: jovens adultos sem afeto.

Pior ainda é quando a negligência é total; quando as crianças são abandonadas sem afeto, sem alimentação, sem escola e com agressões físicas e/ou sexuais. Essas crianças, mesmo com pouca idade, optam pela rua por causa dos maus-tratos.

Se o meio exerce influência sobre tais crianças, ficam algumas perguntas: o que se pode esperar delas com 15 anos? Quem será seu melhor amigo? Talvez um revólver.

Não é só de pão e água que se vive. Amar, dar carinho, explicar, orientar e colocar limites são os ingredientes da prevenção indispensáveis nos primeiros anos de vida. De acordo com o Princípio 6 dos Direitos da Criança, regulamentados pela Organização das Nações Unidas (ONU), as crianças precisam de amor e de compreensão. Devem ser criadas num ambiente de afeto e de segurança moral e material. E as crianças sem família ou sem meios de subsistência devem receber cuidados especiais do governo e da sociedade.

Para complementar, há um provérbio, de Petit Senn, que diz o seguinte: "Os filhos tornam-se para os pais, segundo a educação que receberam, uma recompensa ou um castigo".

Segundo a Organização Mundial da Saúde (OMS), a prevalência de sintomas psicopatológicos na infância varia entre 12% e 29%, mas apenas um em cada quatro casos é detectado pelos serviços de saúde. Por isso psiquiatras, psicólogos e pediatras estão unindo-se a fim de detectar, o mais cedo possível, os sintomas na criança para que esta não desenvolva nenhuma psicopatologia, principalmente psicoses (distúrbios de conduta com violência) na vida futura.

O Ministério da Saúde e a Fundação de Amparo à Pesquisa do Estado de São Paulo (Fapesp) participam de pesquisa com crianças de 0 a 18 meses a fim de criar dados para psicodiagnósticos precoces, antes de as crianças completarem 3 anos.

Alterações de sono, choro incomum, apatia, olhar atípico entre mãe e bebê, medo excessivo, agressividade, relacionamento prejudicado com outras pessoas e inconsciência do eu podem sinalizar problemas, até mesmo uma psicose infantil.

O menor L.C.S., de 6 anos, apresentava sintomas de agressividade enquanto brincava com coleguinhas, engolia objetos, esparramava fezes pela casa, quebrou o braço de uma menina na escola, era inconveniente com os professores. Seus desenhos de pessoas tinham aspectos monstruosos. Ele dizia, abertamente, que queria ver a mãe morta com uma faca. Diante do quadro, houve necessidade de medicação e psicoterapia, bem como de orientar a mãe na tentativa de estabelecer uma relação mais estável entre ela e o filho e com o próprio ambiente.

Uma criança nessas condições, sem tratamento, tem um prognóstico muito reservado. A empatia da mãe, ou seja, o perceber as necessidades e expectativas, o perpetuar e fortalecer o vínculo, o brincar juntos e o permitir que a frustração da criança seja sentida e atenuada, deve sempre ser estimulada.

Desde os tempos de Anna Freud, sabe-se que bebês separados dos pais se tornam mais apáticos e, mais tarde, mais agressivos. É como se agredissem o mundo dizendo: "Não fui aceito e amado; também ignoro e agrido".

Conforme vimos, os pais devem, em primeiro lugar, rever seus valores para, posteriormente, transmiti-los. Devem perceber que é inevitável a frustração. A própria Natureza frustra-nos com o nascimento.

Frustrar significa ajudar a criança naquilo que ela pode e/ou deve fazer, bem como, sem agressões ou autoritarismo, naquilo que não lhe é permitido e/ou devido realizar. Muito cedo, as crianças aprendem que o "não" significa limite, e, quando sensato, tem de ser respeitado para que elas vivam bem em sociedade. Esse trabalho deve ser paulatino.

Jefferson, nome fictício, era um menino de 6 anos. Estávamos em uma sala VIP do aeroporto de Congonhas, em São Paulo/SP. Seus pais, sentados, estavam lendo, e o garoto corria, até que subiu, ou melhor, "escalou" o balcão de atendimento, puxando o fio do microfone de avisos. A mãe disse que não podia. O garoto novamente o puxou, e, dessa vez, o microfone foi ao chão. Os pais foram sutilmente chamados à atenção pela auxiliar de embarque.

Vivemos em um mundo regulamentado e temos de segui-lo de forma ética. Lógico que cabia aos pais de Jefferson, e não à auxiliar, corrigir e frear o menino. Nem sempre o "não pode" é suficiente para um garoto que acha que o universo gira à sua volta. Levantar-se, ir até o garoto e explicar que não poderia puxar o fio sob o risco de quebrá-lo era a missão dos pais. Ao primeiro sinal de obediência do garoto, pai e mãe deveriam elogiá-lo, até mesmo o beijando, por ele ter se comportado bem. Qual criança não quer carinho e atenção dos pais?

Agindo-se dessa forma, a criança percebe que, quando se comporta bem, é aceita e acariciada pelos pais e familiares. Assim, inicia-se o processo de socialização, em que a criança assimila o certo e o errado para o convívio em sociedade.

Deve-se lembrar que a criança, se crescer sem limites, terá problemas, pois achará que o mundo aceitará tudo como os pais. É lógico que será barrada pelo sistema e se comportará com agressividade, fazendo birras histéricas, a exemplo de Jefferson, no aeroporto. Se o menino tivesse 3 anos, isso seria compreensivo; porém, com 6 anos, já se torna inconveniente.

Esse processo de assimilação é demorado e exige dos pais continuidade, ou seja, quando a criança agir bem, deve-se dar-lhe apoio, mostrar aprovação e apreço pela atitude, elogiar e, com suavidade, segurança e determinação, demonstrar os erros, apontando o caminho correto que alegra os pais. Todo elogio a atitudes corretas faz com que a criança repita o ato, porque o que ela quer é a atenção dos pais.

O menor L.V., de 7 anos, achou que podia pintar as paredes do quarto e assim o fez. O menino jogava bola na sala do apartamento e havia quebrado vários objetos. Sua mãe não o controlava. Simplesmente L.V. fazia tudo o que lhe vinha à cabeça.

A mãe de L.V. foi chamada pela diretora pedagógica da escola por causa da indisciplina e da falta de respeito do garoto para com os professores. A jovem mãe justificou que se tinha divorciado porque o marido era autoritário, assim como seus pais haviam feito com ela na infância. A mãe de L.V. precisava de ajuda, pois achava que os pais e o ex-marido foram severos, e ela não faria o mesmo com seu filho.

De forma perturbada, foi para o outro extremo, deixando de dar limites ao filho, educando-o no eterno princípio do prazer. Em tudo a criança era atendida.

L.V., certa vez, machucou um colega de classe, por divergência de opinião. Aos 16 anos, começou a usar drogas, já que, como sempre teve tudo, nunca foi frustrado, precisava de maior prazer; assim, foi buscar nos entorpecentes. Ele era um garotão mimado, indiferente às necessidades dos outros, agressivo, até mesmo com a própria mãe, quando esta se recusava a emprestar o carro. Ofendia-a com palavrões e chegou a empurrá-la várias vezes. Resultado: hoje, a mãe mora só, e L.V. encontra-se detido em razão de assaltos à mão armada.

Em sua análise, Angelina, nome fictício, revelou que, na época em que era pequena, jogava o prato de comida quando não o queria mais. A mãe, de forma carinhosa, corrigia-a, dizendo que não era obrigada a comer tudo; todavia, que era errado jogar o prato no chão. Disse ainda que, certa vez, já com mais idade, a mãe não lhe dera o chocolate que a filha pedira porque o dinheiro estava contado, e Angelina jogou-se no chão do supermercado, esperneou, xingou, pois queria, a todo custo, o chocolate. Deu um espetáculo, chamando a atenção de todos. Sua mãe, bem orientada, simplesmente a ignorou e seguiu para o caixa, deixando-a para trás. Quando a menina percebeu que sua tática falhara e que sua mãe estava indo embora, desistiu e correu ao encontro dela, saindo de mão dada, apenas de cara feia. Caso a mãe, envergonhada, tivesse cedido à chantagem, teria dado o seguinte recado à Angelina: "Toda vez que quiser alguma coisa que lhe for negada, basta jogar-se no chão e fazer um escândalo, e suas vontades serão realizadas". Seria um desastre à vida futura da garota.

Premiar por meio de elogios e carinhos todas as atitudes positivas e ignorar as negativas é o principal modo de preparar os filhos para o mundo. O amor é vital, assim como os limites e a disciplina. Do contrário, o mundo será escravo das Cinderelas e dos Peter Pans.

Até aqui, estamos falando de crianças com até 7 anos, e, desde que tudo esteja correndo bem, não terão problemas maiores com os adultos, a escola e os amigos. Serão provavelmente calmas, socializadas e sem brigas expressivas. Estarão cientes, em proporção relativa à idade, de seus direitos e obrigações, do certo e do errado, do que pode ou não ser feito, e serão facilmente diferenciadas.

Um alerta: criança em risco!

Nesta idade, uma série de comportamentos podem estar sinalizando problemas e devem ser criteriosamente investigados. Birras e teimosias constantes, brigas — algumas até com certa violência —, o não pedir desculpas nem mostrar arrependimento, comportamento inconveniente com adultos, dificuldades com as frustrações, precocidade sexual, choros, depressão e inquietação devem ser encarados como um pedido de ajuda.

Todos esses sintomas apontados podem ser indícios iniciais de distúrbio de conduta social por causa de alguma falha da educação, no tocante a proteção, afeto e limites. Consultar um especialista (psiquiatra ou psicólogo) já se faz necessário a esta altura; provavelmente a escola tenha feito recomendação nesse sentido. Pode-se estar diante de uma criança com distúrbio de déficit de atenção (DDA), doença neurológica com alguns sintomas citados, estresse e até distúrbio de humor infantil.

Portanto, a primeira atitude é fazer um diagnóstico diferencial para seguir uma linha de tratamento correta. Não deixe de procurar um especialista se seu filho apresentar esses sintomas.

Em resumo, é vital que os pais se conscientizem de quais devem ser a educação, os limites e o comportamento social e afetivo da criança, observando como ela reage diante das vicissitudes da vida e agindo preventivamente quando esse comportamento não é adequado. O fato de achar engraçado e deixá-la, em nome do amor, fazer tudo, tornando-se permissivo, poderá causar problemas sérios antes mesmo da adolescência.

Capítulo IV
O empurra-empurra dos irmãos

Mesmo que tudo esteja correndo bem, de vez em quando algumas transgressões, desentendimentos e até mesmo certo empurra-empurra entre irmãos são perfeitamente esperados. Lembre-se de que não será tão fácil assim a pré-adolescência e a adolescência. Os pais nem sempre acertam e nem sempre estão bem-humorados. Portanto, nunca se devem traçar metas impossíveis para as crianças e para os adultos quanto ao comportamento. Somos humanos!

Quando uma criança insiste em fazer algo errado, mesmo que já lhe tenha sido explicado, de maneira respeitosa, o correto, ela precisa ser ouvida. Contudo, se o comportamento indesejado persiste, devemos puni-la, mas sem bater!

Ao batermos, estamos ensinando, de certa forma, como resolver problemas e desentendimentos, ou seja, batendo. É lógico que a criança tende a imitar os pais e repetirá a violência quando houver problemas na escola e no dia-a-dia com os colegas — além do que ela sentirá medo dos pais, e não respeito, enquanto estes terão, no futuro, sentimentos de culpa.

Crianças agressivas geralmente apanharam e passaram a acreditar que a violência faz parte da resolução dos problemas e é aceitável em qualquer situação, principalmente quando seus desejos não são atendidos via diálogo.

Podemos entender que, quando uma criança nessas condições assiste a programas violentos ou joga *games* violentos e tem pais agressivos, como pode ser um adulto equilibrado e assertivo?

Quando o alicerce da educação foi o de elogiar as qualidades e atitudes corretas dos filhos, o de ouvir as reivindicações e discutir as divergências sem subtrair-lhes a confiança, normalmente os problemas são equacionados pelo diálogo, diminuindo as punições disciplinares. Contudo, caso haja necessidade de punição, recomenda-se o seguinte: deixe claro, por exemplo, que você está irritado por ele (ou ela) não ter obedecido à orientação de que só poderia brincar com o videogame depois das tarefas escolares e que este será desligado por um dia em razão da desobediência consecutiva, apesar dos pedidos. Dessa forma, você, pai ou mãe, age com firmeza e deixa seu filho perceber seu descontentamento e que o problema foi atacado, e não a pessoa dele. Ensinamos que os desentendimentos existem, até mesmo dentro de casa, e que, às vezes, falamos com maior animosidade, e não com violência, respeitando a criança e também nós, pais.

Xingar a criança constitui uma violência verbal. Bater é violência física. Mostrar que você se irritou e que, por esse motivo, a puniu, sem qualquer tipo de truculência, demonstra uma forma assertiva de lidar com as regras e limites que ela infringiu. Tudo depende da forma e do tom de chamar a atenção e de disciplinar; caso contrário, estaremos dando exemplos de autoritarismo e de violência.

Zelo nada mais é do que o pano de fundo dessa atitude. Mais cedo ou mais tarde, seu filho reconhecerá que você o preparou para o mundo e, quando surgirem problemas, ele também saberá quais são seus direitos, como reclamá-los, atacando a situação, e nunca usando a violência verbal ou física para resolvê-los.

M.D. estava com 10 anos. Era a terceira vez que levava para casa um *game* de violência desproporcional à sua idade. Sua mãe já havia explicado a inconveniência do jogo, dando a M.D. outras opções e sendo clara em que não queria mais aquela exibição de brigas sangrentas em casa. Assim, cautelosa, porém firme e determinada, disse a M.D. que o aluguel de outras fitas estava suspenso por alguns dias e que ela estava aborrecida pelo fato de o filho ter faltado com a promessa que lhe fizera. Portanto,

— a mãe foi enfática, e não agressiva;

— respeitou o filho e a si mesma também;

— puniu merecida e adequadamente, dando oportunidades ao diálogo e a possibilidade de M.D. pedir desculpas e reparar o erro. A vitória foi a da interação das regras, do limite, do zelo e, acima de tudo, do amor pelo filho.

Encerra-se aqui uma etapa, a dos 10 anos. A OMS considera, hoje, a adolescência dos 10 até os 20 anos. Antes, porém, algumas considerações finais aos pais e familiares quanto à infância e à prevenção da violência:

— Devemos aceitar que é possível a nós, pais, orientar os filhos. Cuidem-se, pois pais agressivos, ausentes e permissivos tendem a criar filhos problemáticos.

— Dê exemplos.

— Escute seu filho e discuta a conduta dele, bem como o porquê das normas e dos limites.

— Analise o método de educação. Seja claro e sensato.

— Caso a criança faça algum apontamento certo, peça desculpas e elogie o bom senso. Ouça as queixas.

— Nunca coloque medos. Lembre-se de que podem ser a causa de filhos inseguros e agressivos.

— Evite brigas na frente das crianças, como desentendimentos conjugais.

— Não poupe os filhos de frustrações e não os sobrecarregue com críticas e apontamentos desnecessários.

— Comemore todo e qualquer sucesso ou atitude assertiva dos filhos.

— Não bata! Eduque com exemplos. Se houver necessidade de punir, explique o porquê e puna com moderação.

— Identifique as necessidades emocionais dos filhos.

— Dê todo o apoio, converse, beije seus filhos, discuta as inseguranças, deixe-os falar sobre a raiva e outros sentimentos. Dedique alguns minutos a essa prática diária, que jamais será esquecida por eles e sempre traduzida em amor.

— Fale sobre Deus de forma ecumênica. Desperte o filosofar.

Dorothy Law Nolte, de maneira clara e sintetizada, mostra como educar crianças:

As crianças aprendem o que vivenciam

Se as crianças vivem ouvindo críticas, aprendem a condenar.

Se convivem com a hostilidade, aprendem a brigar.

Se vivem com medo, aprendem a ser medrosas.

Se convivem com a pena, aprendem a ter pena de si mesmas.

Se vivem sendo ridicularizadas, aprendem a ser tímidas.

Se convivem com a inveja, aprendem a invejar.

Se vivem com vergonha, aprendem a sentir culpa.

Se vivem sendo incentivadas, aprendem a ter confiança em si mesmas.

Se as crianças vivenciam a tolerância, aprendem a ser pacientes.

Se vivenciam os elogios, aprendem a apreciar.

Se vivenciam a aceitação, aprendem a amar.

Se vivenciam a aprovação, aprendem a gostar de si mesmas.

Se vivenciam o reconhecimento, aprendem que é bom ter um objetivo.

Se vivem partilhando, aprendem o que é generosidade.

Se convivem com a sinceridade, aprendem a veracidade.

Se convivem com a eqüidade, aprendem o que é justiça.

Se convivem com a bondade e a consideração, aprendem o que é respeito.

Se vivem com segurança, aprendem a ter confiança em si mesmas e naqueles que as cercam.

Se as crianças convivem com a afabilidade e a amizade, aprendem que o mundo é um bom lugar para se viver.

Segue também, de autor desconhecido, outra bela mensagem para refletir sobre a educação das crianças.

Um momento de reflexão — Uma criança a seus pais.

Por favor, papai e mamãe,

Não tenham receio de ser firmes comigo. Prefiro assim para eu me sentir mais seguro.

Não me dêem tudo que eu exigir, porque vou acreditar que, quando crescer, o mundo vai me dar tudo o que eu desejo.

Não deixem que eu adquira maus hábitos, não apanhem tudo o que eu deixar jogado: livros, brinquedos, roupas.

Antes de me cobrarem alguma coisa, primeiro me ensinem e não me corrijam com raiva, achando que sou culpado por seus problemas.

Não desconversem quando lhes faço perguntas, senão vou procurar na rua as respostas que não tiver em casa.

Não fiquem encabulados ou nervosos na hora de me responder; é só falarem a verdade.

Não digam que meus temores, problemas e as coisas que eu falo ou tenho são bobagens. Para vocês que são adultos pode ser, mas pra mim que sou criança não é.

Não achem graça quando eu disser nomes feios ou quando faço malcriações, pois assim poderei achar que sou muito interessante e o "maior".

Não deixem que eu fique horas a fio em frente à TV.

Lembrem-se de que criança gosta mesmo é de brincar. Brinquem comigo, quando for possível.

Não desistam de me ensinar o bem, mesmo que achem que eu não estou aprendendo.

De vez em quando, passem a mão em minha cabeça. Carinho é bom, e criança gosta.

Deus ama o papai, a mamãe e eu.

beijos
sua criança

Capítulo V
A adolescência e a violência

Antigamente, adolescente era o indivíduo com idade a partir dos 12 anos. Hoje, como já vimos, a OMS considera essa fase desde os 10 até os 20 anos.

Isso faz sentido, porque o mundo acelerou. Atualmente, recebe-se a informação de modo mais rápido; há precocidade sexual. Aos 10 anos, as meninas usam roupas jovens e até sensuais. Algumas se maquiam, falam em "ficar" e sair para a "balada". Infelizmente, também começam a beber cedo, e algumas experimentam algum tipo de droga antes mesmo dos 12 anos.

Quanto aos horários, todos se perderam. Um grande número de *shows* realiza-se depois das 22 horas, sendo permitida a entrada de menores.

Esta é uma fase em que ocorre certa transgressão; alguns conceitos se tornam frágeis. Os adolescentes envolvem-se em algumas brigas, fazem muita oposição, retrucam, e é aí que temos de agir.

A maioria dos adolescentes, no que concerne a esse período de certa rebeldia, acaba, com o tempo e o auxílio dos pais e professores, introjetando regras e normas, moldando-se a uma vida equilibrada, assumindo suas responsabilidades e socializando-se. Contudo, é uma época de alerta e que requer atenção, pois, como vimos, alguns se perdem na delinqüência, se envolvem doentiamente com drogas, abandonam os estudos, morrem, matam e adotam a vida do crime.

Vimos também que vários fatores predispõem ao surgimento da delinqüência, tais como família desorganizada e pais permissivos, autoritários e/ou ausentes.

Nada surge sem uma causa. A relação entre pais e filhos começa desde a vida intra-uterina, e, mesmo que um dia se confirme a informação genética de uma violência doentia, o meio é determinante: se educarmos bem, a tendência será de filhos preparados para o mundo. Lembre-se de que, até os 10 anos, os filhos recebem influência maior dos pais, e será ótimo se essa relação tiver sido respeitosa e civilizada. Todavia, isso não é garantia de que não mudarão o comportamento.

Quando o jovem entra na adolescência, os amigos passam a ter uma importância enorme para ele. Os jovens espelham-se uns nos outros e sofrem influência social, podendo estremecer os conceitos e a forma de relacionar-se, que se tornam diferentes daqueles que foram aprendidos em casa. Aborrecem-se e frustram-se à menor contrariedade. Julgam-se donos de sua conduta. Recusam-se a sair com os pais de mãos dadas ou abraçados. É a adolescência.

Adolescência — Como defini-la hoje?

Mudanças vêm sucedendo nos últimos tempos. A adolescência começava por volta dos 12 anos — idade em que geralmente ocorria a menarca (primeira menstruação) — e terminava aos 18 anos. Nos dias atuais, vários fatores têm contribuído para a antecipação da adolescência, desde a alimentação melhor até a agilidade dos meios de informação.

Tudo está mais rápido. A globalização dos hábitos, as exigências sociais e a institucionalização precoce das crianças colaboram para esse fenômeno da aceleração do desenvolvimento. Nessas formas mais rápidas de adolescer, encontramos também mais problemas.

Há várias etapas difíceis na vida, que envolvem nascer, adolescer, ser adulto, envelhecer e morrer.

Lidar com um corpo maior, deixar de ser criança, ter opiniões são situações difíceis para os adolescentes e para os pais que acompanham diferentes fases, em especial esta, pois ficam perdidos entre um filho dócil, meigo, e que agora os troca pelas "baladas", sofrendo por causa dos perigos, os quais, concomitantemente, também cresceram.

De acordo com dados que estão inseridos neste livro, um dos grandes tormentos é a mortalidade por causas externas: homicídios, suicídios e acidentes. Parece uma guerra declarada. Fica claro que o envolvimento dos jovens com o crime é fato também para os de classe média. As mortes decorrem de conflitos em bares e bailes, de brigas e de problemas psiquiátricos. Conforme abordamos referentemente à infância, observa-se o mesmo na adolescência: a relação da violência e problemas da desorganização das famílias, problemas escolares, desigualdade social, injustiça, etc.

A adolescência pode ser muito difícil para quem demonstrou fragilidades no curso da vida, principalmente por ser uma fase de mudanças químicas e hormonais. O surgimento de distúrbios psiquiátricos é comum: depressão agressiva, anorexia, esquizofrenia e outras doenças mais.

Observa-se também, nessa época, que muitos adolescentes se recusam a crescer e que alguns pais, sem perceber, colaboram, pois não aceitam "perdê-los" como crianças. Talvez essa ação, em conjunto, contribua para os suicídios e as violências.

"Ficar", namorar e transar sempre foram o desafio da adolescência, hoje acrescido das drogas, das bebidas, das baladas, dos celulares, das roupas e dos sapatos de grife. O consumismo é exagerado, ou seja, o jovem tem de usar e possuir determinados objetos e utensílios enfatizados pela moda. O adolescente é, hoje, uma pessoa que não pode esperar: suas realizações são imediatas e, muitas vezes, via violência.

Alguns pais se assustam tanto com a violência que colocam medos exagerados e superprotegem os filhos para que não venham a adolescer.

Os adolescentes são diferentes uns dos outros; porém, nem todos experimentam dificuldades e problemas com a violência, bem como a duração da fase varia de pessoa para pessoa. Apesar disso, alguns precisam de agentes que atenuem as dificuldades. Esses agentes têm sido o álcool e as drogas, cujo consumo, ao contrário do que se apregoa, cresce no mundo inteiro. Os *piercings* e as tatuagens são sinais, às vezes provocativos, por meio dos quais os adolescentes querem mostrar que são "donos do nariz" e do corpo.

O psicólogo Erik Erikson dizia sobre o adolescente: "Não sou o que deveria ser e tampouco o que tenho intenção de ser, mas não sou mais o que era antes".

A busca da identidade pode ser fornecida pelo grupo cujas linguagem, roupas e posturas se assemelham. É uma forma de o adolescente distanciar-se dos pais e tomar um lugar no vazio social, pois muito do que foi previsto não lhe convém, e é aí que reside uma parte da transgressão do "ser delinquente", até que em certo grau construtivo para a liberação da infância.

Os pais devem aceitar que suas crianças se estão tornando adultas e saindo do casulo, pois muitos jovens agressivos apresentam dificuldades em adquirir a verdadeira independência. Às vezes, há obstáculos inconscientes colocados pelos genitores.

    Os adolescentes precisam de adultos que os ajudem, que possam explicar e orientar sem assumir um tom professoral. Não concordar não implica humilhar, e, quando os jovens criticam e fazem oposições, deve-se escutar com paciência e incentivar diálogos — nunca se esquecendo de que limite é bom e todo adolescente necessita dele.

    Um bom indício de que a adolescência se está encurtando é quando se descobre o amor. Este é um importante sinal de subjetividade e de diminuição do egocentrismo. O adolescente aprende a admirar e perceber o outro, desenvolvendo a empatia e o afeto. O meio-termo passa a ser considerado, e isso o torna meigo e altruísta.

Capítulo VI
Internet e videogames violentos

Não resta a menor dúvida de que a internet traz benefícios aos estudos e pesquisas dos estudantes adolescentes. O uso desse meio de comunicação é que pode fazê-lo ser benéfico ou maléfico.

Todo adolescente é curioso e quer saber "navegar", comunicar-se e desfrutar de todos os serviços da informática; contudo, cuidados devem ser tomados. Tudo em excesso e fora do tempo faz mal. Caso o jovem use a internet e navegue em *sites* pornográficos e inconvenientes, bem como estabeleça contato com pessoas desconhecidas que tenham problemas de conduta ou até sejam perigosas, é aconselhável fazer alguns acordos.

Primeiramente, mostre-lhe os perigos, os engodos. Deixe claro que existem pessoas mal-intencionadas e que não sabemos os conceitos e as intenções delas. Esclareça a ele que jamais deve marcar encontros com desconhecidos.

Converse também sobre os jogos cruéis que apregoam racismo, xenofobia e qualquer tipo de discriminação ou perversão. Se necessário, faça certa supervisão, estabelecendo horários, e, discretamente, fiscalize *sites*, *links* e *homepages* que o jovem visita. Lembre-se de que nosso objetivo não é limitar os conhecimentos de nossos filhos, mas orientá-los para a faculdade da vida.

Em relação aos jogos eletrônicos (*games*) violentos e até perversos, seja firme. Explique a inconveniência deles e não os permita. Tenha cuidado, pois os adolescentes são peritos em confundir, dizendo que os outros pais deixam.

Poucos pais brasileiros sabem que grande parte dos jogos disponíveis para venda nas lojas especializadas ou para aluguel em locadoras traz um selo classificatório. Essa classificação se dá por faixa etária e também por um resumo do conteúdo (violência fictícia, realista ou moderada, por exemplo). Certos jogos até ajudam a criança a liberar a carga de agressividade; porém, não são aconselháveis aqueles em que o bandido mutila e mata e não recebe nenhum tipo de punição.

Sabemos que, hoje em dia, os provedores não conseguem um controle seguro e que, até mesmo, há uma delegacia especializada, provando que há perigos e diversos tipos de fraudes, delitos e delinquentes atuando de toda forma.

Por isso acompanhe os passos das crianças e dos adolescentes na internet, nos videogames e até na televisão. Lamentavelmente, já foram detectados tráfico humano, drogas, pedofilia, prostituição infantil e todo tipo de distorção nesses meios de comunicação e de entretenimento.

Capítulo VII
Quem são os amigos de seu filho?

A adolescência é um dos períodos mais bonitos da vida; porém, a prudência dos jovens não é a mesma que a nossa.

Como já mencionado, nessa etapa da vida, o jovem chega a evitar a companhia dos pais em público — isso é "pagar mico". Os filhos querem mostrar independência e não parecer criancinhas dependentes de papai e mamãe.

Um dia é na casa do fulano, e lá se vão todos da classe e mais alguém. Sempre há novos integrantes no grupo. O mesmo ocorre com os amigos do clube e com os da escola de inglês, ou seja, cada vez mais jovens se conhecem, e há novas "baladinhas" em casas em que não se sabem quem são os pais e/ou os novos integrantes do grupo.

O pior é quando se descobre que um dos amigos de seu filho está fazendo uso esporádico de maconha. O que fazer? Proibir o filho de sair? Proibir terminantemente a companhia do jovem usuário, que, vez ou outra, está metido em brigas?

O melhor é sentar e tentar um diálogo aberto e franco, mesmo que a fisionomia de seu filho seja de indiferença e de certo pouco caso. Proibir de forma imperativa ou dar lições de moral ou, ainda, fazer ameaças só piorará a situação e incentivará o jovem a esse tipo de comportamento agressivo e que se quer evitar. Ele, às vezes, esconde a realidade dos fatos e os hábitos do grupo por temer represálias.

Assim, fale de amigo para amigo. Mostre sua preocupação para com o rapaz que usa drogas e é agressivo e explique que, muitas vezes, outros se deixam influenciar e se comportam de maneira igual.

O assunto "drogas", o perigo do vício e os desvios de conduta devem ser abordados de forma direta. Permita que seu filho fale e escute-o. É provável que ele mesmo retome os valores de saúde, ética e comportamento que lhe foram ensinados. Não deixe de dar um crédito a ele. Peça e incentive encontros, práticas esportivas e festas em que o controle possa ser exercido no tocante às pessoas conhecidas e de boa conduta.

Converse com os outros pais sobre as pessoas problemáticas do grupo. Troque informações, principalmente com adultos sensatos, para o controle saudável da situação. Evite constrangimentos, como, por exemplo, ficar lado a lado com seu filho quando este se encontrar no grupo.

Muito embora a pressão do grupo seja forte nessa época, se a educação dada foi adequada e respeitosa, é bem possível que o afastamento de pessoas com comportamento indesejável ocorra naturalmente, por causa da falta de identificação de ambas as partes. Pode-se também, em caráter confidencial, trocar informações com a diretoria pedagógica da escola.

Em último caso — e dependendo da gravidade das companhias — é que se devem adotar medidas mais severas, como a proibição de sair para determinados lugares e com determinadas pessoas. Seu filho deve saber que a palavra final sempre será a dos pais, nos casos de divergência, em que o diálogo não tenha sido suficiente.

Não se esqueça de que, em qualquer lugar, existe um pai e uma mãe que talvez tenha um filho em perigo, usando drogas e com problemas de conduta social. Caso saiba que um desses pais tem um filho nessas condições no grupo, certifique-se com outros pais e educadores para, em conjunto, tentar auxiliar. A família agradecerá.

Quando os pais se unem com a escola, com os serviços sociais e com a comunidade, a violência juvenil comprovadamente decresce.

Também incentive seu filho e os amigos a ajudar alguém em risco. Abra o jogo com eles em tudo que for razoável. No começo, eles poderão achar caretice; mais tarde, agradecerão, pois o que hoje aparenta ser controle amanhã será reconhecido como zelo. Converse muito, dê crédito e, o mais importante, mantenha o olho constantemente aberto.

Capítulo VIII
Não querem conversar com os pais

R.C. estava com 14 anos. Seu rendimento escolar tinha caído muito, e havia reclamações quanto à disciplina, a brigas e a desrespeito aos professores. Seus pais foram informados e tentaram conversar com R.C., que só ouvia e fazia expressões faciais de ironia.

Em primeiro lugar, os pais devem tentar perceber se sempre estiveram abertos ao diálogo, se souberam escutar o filho, ou se foram autoritários e determinaram ordens e mais ordens, sem discuti-las de forma franca. Logicamente, não é via de regra, mas, em muitos casos, os pais são agressivos entre si e servem de modelo para a conduta do filho.

Caso houve alguma falha nesse processo, peça desculpas, mostrando que nem sempre os pais acertam e que, de vez em quando, aprendem também com os filhos. As gerações são diferentes; os costumes são outros. Por vezes, não se percebem o crescimento e as mudanças no adolescente, que, aliás, acha que sabe tudo.

Ainda que sempre se tenha dialogado, ninguém é igual a ninguém. Alguns são tímidos, reservados, e, mesmo que os pais facilitem as conversas, pode ser difícil para os jovens. O importante é que eles saibam que há possibilidades de diálogo e que se está pronto e aberto, a qualquer momento, para trocar idéias e discutir valores e que talvez pais e filhos tenham de mudar.

Agindo dessa forma não apenas uma vez, mas inserindo-a no cotidiano permanentemente, os horizontes se abrirão, e a tendência é a de corrigir os erros bilaterais.

Um detalhe importante: há divergências de gerações no tocante à forma de pensar, aos valores, à sexualidade, aos costumes, etc.; porém, jamais devemos permitir a quebra de determinados valores quanto à honestidade, ao respeito, à ética, à moral e à cidadania. Se você está agindo de maneira transparente com seu filho, tem o direito de exigir mudanças dele.

No caso de R.C., os pais mudaram, houve melhoras na comunicação conjugal e com o filho, e, finalmente, o jovem passou a conviver melhor em sociedade.

Quando o adolescente começar a responder e a participar de conversas difíceis, elogie — sem exageros, para não parecer forçado. Mostre que ele está agindo como adulto e que você se sente orgulhoso dele.

Outra forma de reforçar a mudança alcançada seria atender aos pedidos razoáveis, que são diversos, nessa fase do adolescente.

Se o jovem não se modificar e se recusar a conversar depois de várias tentativas, é preciso puni-lo, como, por exemplo, cortando a mesada, até que sua postura mude e ele aja com responsabilidade e respeito.

Capítulo IX
Pancadarias

Virou hábito Michel (nome fictício), 12 anos, resolver os problemas de desentendimento com os amigos na pancadaria. Foi o que levou a mãe ao consultório. O jovem mudara seu comportamento, embora as notas fossem satisfatórias.

A sra. M.S. relatou-me o bom relacionamento conjugal e a relação, até então boa, de Michel com os pais. Agressão física e verbal não era costume naquela casa.

Como é importante saber quem são os amigos de nossos filhos e, da mesma forma, conhecer os lugares freqüentados por eles, até mesmo se inteirar da socialização escolar! A mãe de Michel, com a ajuda de uma professora, descobriu que algumas crianças estavam sendo vítimas de um garoto do tipo grandalhão, que fazia ameaças e batia nos menores, fora a humilhação das surras, se os meninos não atendessem às exigências dele, como ceder o lanche escolar, dinheiro, etc. Aliás, esse fenômeno é conhecido como *bullying*.

Alguns alunos chegam a abandonar a escola por medo, vergonha e humilhação sofrida de alguém maior ou mais velho, em geral do mesmo estabelecimento de ensino.

Outro aspecto foi o de que Michel se tornara aluno de caratê. Conclusão: revoltado por não se sentir merecedor das ameaças, transferiu sua revolta para outros alunos, passando a distribuir pancadas para todo lado.

O problema foi resolvido quando os pais se reuniram com a coordenação pedagógica da escola e tomaram as providências cabíveis e apropriadas para o fato. Mais uma vez, fica claro como é vital a interação aluno-pais-escola.

Recomendou-se ao professor de caratê reforçar a Michel e ao grupo que o principal objetivo das artes marciais é a disciplina, a retidão e, em última instância, a defesa para proteger-se. O jovem foi encaminhado para algumas sessões de psicoterapia, a fim de que se trabalhasse melhor sua raiva e de que sua agressividade não fosse deslocada para outros colegas, os quais, no fundo, não tinham nada a ver com sua raiva. Ele queria agredir o grandalhão.

Fica claro que Michel não estava lidando bem com o sentimento de raiva, descontando em pessoas erradas. O mais sintomático era a dificuldade em abrir-se com alguém. Seus pais não sabiam que ele estava sendo ameaçado na escola. Sua raiva foi acumulando-se a tal ponto que o adolescente se utilizava da agressão física como descarga, em vez de dialogar.

Os adolescentes e também as crianças devem ser estimulados a falar, a expressar os sentimentos, inclusive a raiva. Aquele que engole tudo quieto poderá, um dia, ter uma crise de violência, estresse ou depressão, pois para algum lugar a raiva tem de ir. Por isso o diálogo é a melhor alternativa. Quando falo diálogo, principalmente entre adolescentes, considere-se também certo bate-boca — desde que fique por aí. Às vezes, é até bom que os jovens aprendam a se defender. O adulto só deve intervir em situações em que eles não se entendam e possam iniciar ofensas e brigas violentas.

As brigas entre irmãos são muito comuns. Quantas vezes elas ocorrem por motivos irrelevantes e até incompreensíveis, como, por exemplo, alguém usou a roupa do outro ou um dos irmãos está com o controle remoto da televisão e recusa-se a mudar de emissora! Pronto! É o suficiente para alguns empurrões, palavrões e choros. Muitos pais ficam apavorados porque, em alguns casos, a briga fica feia, até com socos e pontapés.

Primeiramente, entenda que o desentendimento faz parte das relações humanas e que nossos filhos não são exceção. A raiva existe entre eles, e, mesmo que não seja hábito da casa, a agressividade surgirá vez ou outra. Afinal, eles estão adolescendo e precisam aprender que:

— sentimos raiva, até mesmo de familiares;
— temos o direito de colocar para fora aquilo que não achamos justo;
— devemos saber que os outros também têm direitos e que escutá-los é correto;
— agressões físicas e verbais não resolvem. Pelo contrário. Perde-se o respeito e rompem-se laços;
— devemos criar o hábito de dialogar depois de os ânimos se acalmarem, redirecionando-os com princípios e costumes da casa. Pode-se até discutir, opor-se, porém com limites e em hipótese alguma com violência e desrespeito.
— devemos atacar o problema, e não as pessoas.

Lembre-se: é até bom que os episódios de agressividade e desrespeito ocorram dentro de casa, pois é aí que se deve agir com determinação e firmeza. Os adolescentes precisam dessa organização recorrente. Será por meio desse exercício constante (agressividade, diálogo e reparação) que os prepararemos para a vida.

Caso não se faça nada e a pancadaria dentro de casa vire uma constante, certamente essa atitude será estendida para os relacionamentos, incluindo os que envolvem os amigos e a sociedade, com conseqüências imprevisíveis.

Capítulo X
Bebidas alcoólicas

Dados mostram que, cada vez mais cedo, os adolescentes experimentam bebidas alcoólicas. A verdade é que o "mundo bebe". As bebidas alcoólicas são a droga mais consumida e a que mais mata.

A adolescência é um período de comportamento pendular. Os jovens nessa fase da vida moldam-se facilmente de acordo com o grupo, sofrendo influência forte dos meios de comunicação e das pessoas formadoras de opinião, a exemplo de artistas, jogadores de futebol, etc.

Fica clara, mais uma vez, a importância de acompanhar a rotina dos adolescentes e de saber os locais freqüentados por eles e o que estão fazendo, já que não costumam contar tudo aos pais. São "auto-suficientes e adultos"; criam certa onipotência. Por um lado, isso é bom, porque se adquire autoconfiança, mas, por outro lado, é perigoso, por não se medirem as conseqüências que envolvem algumas atividades e hábitos.

Experiências mostram que, quando um jovem tem uma boa relação com os pais e ocorrem conversas freqüentes sobre o álcool, em que se esclareçam os perigos, o que é beber socialmente, o que é dependência e que a lei permite a bebida alcoólica somente aos 18 anos, esse diálogo é válido, e alguma coisa ficará retida.

Ao fazer palestras sobre o assunto, costumo explicar que a pessoa que bebe e exagera passa, em geral, por três etapas: a do macaco, a do leão e a do porco. Vejamos no que elas consistem:

Macaco — É quando o indivíduo bebe um pouco além e se torna falante, eloqüente e, às vezes, inconveniente. É o palhaço da festa.

Leão — Ocorre quando as doses são maiores. A pessoa fica violenta e agressiva, toma as dores dos outros e responde à menor provocação com agressividade. Deve-se lembrar aqui que os homicídios e os acidentes de trânsito envolvendo jovens e adolescentes sucedem, em 70% dos casos, com níveis alcoólicos acima do limite tolerado.

Porco — Nesta etapa, o jovem bebe tanto que cai em algum canto, dorme, vomita e corre risco de coma alcoólico.

Deve-se ainda mostrar ao jovem o que vem a ser o maria-vai-com-as-outras. Muitos adolescentes, mesmo contra o próprio juízo, acabam fazendo o que o grupo quer, e você, pai ou mãe, espera que a opinião de seu filho prevaleça. Agindo assim, ele terá sua personalidade e não se arrependerá. Sempre haverá alguém que pensará igual, dizendo não às drogas, ao álcool e às delinqüências.

Costuma ter um bom impacto esclarecer que o alcoolismo pode tornar-se uma doença e que uma das causas é a hereditariedade. Caso algum parente próximo tenha desenvolvido o alcoolismo, explique ao adolescente que ele carrega, em sua "receita de vida", a informação do alcoolismo e que, se vier a beber com certa regularidade, isso poderá funcionar como um gatilho, fazendo com que o jovem venha a desenvolver a doença.

O golpe "Boa Noite, Cinderela" é considerado outra violência que envolve bebida alcoólica. Muitos jovens já o sofreram, e seu filho provavelmente deve ter ouvido falar nele; se não, precisa saber. Usam-se hipnóticos ou indutores do sono sob a forma de comprimidos, que são jogados em um copo que contém alguma bebida alcoólica — que já relaxa. A isso, soma-se o efeito do comprimido, e a vítima simplesmente cai. Dorme. Esse fato será interpretado como "porre", pois é aplicado normalmente em bares. O malfeitor carrega a vítima, explicando que é um amigo e que o levará para casa. Depois... Bem, só Deus sabe quais são as intenções dele. Tal golpe ocorre com freqüência, e vários jovens ficaram traumatizados.

Lembre-se de que, na função de pais, devemos orientar os filhos, e não prendê-los. Eles precisam conhecer os perigos e aprender a lidar com a violência.

O álcool é o responsável por inúmeros atos de violência contra a criança e jovens adultos do sexo masculino. E, em 70% dos casos em que mulheres foram agredidas por seus companheiros, o álcool também estava presente.

Em algum momento da adolescência, será inevitável que alguém que freqüenta o grupo ofereça bebida ou use algum tipo de droga ao lado de nosso filho. Segundo dados, a primeira experiência é feita "por embalo". Daí, mais uma vez, a importância de prepará-lo por meio de conversas, com exemplos, apontando as conseqüências e dando um voto de confiança, principalmente se o adolescente demonstra equilíbrio, autocontrole, bom senso e maturidade.

Capítulo XI
Sumiu! Quem pegou?

Isso pode ocorrer? Pode. Por mais que tenhamos dado boa orientação e educação, o adolescente pode cometer um deslize — principalmente, como já comentamos, se for incentivado pelo grupo.

R. tinha 15 anos e ia, de acordo com autorização dos pais, ao baile de formatura de sua namorada. Já havia recebido sua mesada e a gastado de forma integral. Assim, pegou alguns trocados da carteira do pai sem pedir-lhe. No dia seguinte, R., bem como seus dois irmãos mais novos, negou o fato quando da interrogação do pai. Depois de uma semana, R. retratou-se, chorou e pediu desculpas ao pai, prometendo não repetir mais o erro.

Várias vezes apontei que o jovem, de maneira genérica, passa por um período de certa transgressão. Cumprimenta a delinqüência sem abraçá-la. Contudo, vale, nesses momentos importantes em que o jovem pede desculpas, aceitá-la, comentando e dinamizando o ocorrido. Deve-se procurar, educadamente, mostrar onde houve o erro e fazer reparações.

A título de curiosidade, muitas vezes um ato de rebeldia tem um recado como pano de fundo. No caso de R., seu pai, um empresário muito ocupado, não tinha tempo para nada. Posteriormente, ficou claro que o jovem deixou rastros visíveis quando pegou o dinheiro, como uma prova de trazer o pai de volta até ele, ou seja, seu recado foi: "Quero atenção, nem que seja para me disciplinar".

Cada caso é um caso. Neste, era visível a solicitação do filho quanto à presença do pai. Há situações em que tudo vai bem; porém, o jovem necessita de um dinheiro extra e infringe as normas sem motivo emocional. Simplesmente precisa de dinheiro, e, de forma imatura, às vezes é mais fácil pegar do que pedir, ou seja, o conceito de certo e de errado pode não estar bem definido no jovem. Lembre-se: tudo o que queremos são filhos saudáveis e não violentos, e em várias circunstâncias teremos de intervir para recolocá-los no caminho do bem.

Em ocasiões como essas, deve-se chamar o adolescente e perguntar o porquê da atitude, já que o diálogo é aberto, e ninguém age dessa forma em casa. Caso ele peça desculpas, aceite-as, comentando, sem exageros, o episódio, a fim de perceber se o perdão foi sincero ou uma manobra. Aja com sensatez, no caso de reparação, ou puna-o, se estiver usando de chantagem, com, por exemplo, a suspensão da mesada.

Recorde-se: é impossível construir uma casa em um só dia. Da mesma forma, uma personalidade violenta não se forma de repente. Portanto, toda e qualquer atitude errada dos filhos deve ser corrigida, não de modo autoritário, e sim por meio do diálogo. Para que não tomemos atitudes precipitadas, segue um texto de autor desconhecido, cujo título é "Um, Dois, Três...":

Tudo na vida pode ocorrer uma só vez, sem que se estabeleça tendência. Por exemplo: um grande amigo seu tem uma atitude que não condiz com a amizade e confiança entre vocês. Se o fato ocorreu uma só vez, não estabeleceu tendência. Contudo, se o mesmo fato se repetir duas ou mais vezes, é bom você tomar cuidado, pois tem tudo a se tornar recorrente. Lembre-se: uma ocorrência na adolescência pode ser única, porém quando se repete, é bom você, pai/mãe, tomar providências.

Capítulo XII
A violência e o momento social

Devemos preparar o adolescente? Como abordar a violência social?

É nossa obrigação preparar as crianças e os adolescentes para o mundo violento em que vivemos. Uma criatura é diferente da outra. Todos temos uma estrutura psicológica com limites diferenciados. O que para mim pode ser uma bobagem pode, para outro indivíduo, ser motivo suficiente para um surto psicótico. Contudo, sem fazer terror sociológico, devemos falar sobre a violência.

Em alguns Estados e cidades do Brasil, há uma verdadeira situação de guerra. Morre mais gente em razão de homicídios nos grandes centros do que no conflito entre israelenses e palestinos, conforme dados estatísticos que veremos neste livro.

Quem são as pessoas que mais seduzem as crianças? Os próprios pais. Qual é a faixa etária que mais morre? Os jovens de 15 a 24 anos de ascendência africana e do sexo masculino. A cada quatro minutos uma jovem é estuprada! Quem mais passa fome no Brasil? Mulheres e crianças.

Infelizmente, sou obrigado a dizer que, pelo menos de maneira temporária, a vida perdeu o sentido de preciosidade. Mata-se por um par de tênis importado, e de cada dez homicídios oito ficam sem solução, por falta de polícia científica para colher dados. Sem contar o excesso de processos a serem julgados e a insuficiência de juízes. O que fazer? Preparar os filhos para um Brasil temporariamente violento?

Conforme foi abordado, não é somente a educação dos pais que forma a personalidade de um filho. Quando começam a perceber a sociedade, os jovens também são influenciados pelos hábitos, costumes e conceitos inseridos na comunidade. Ou seja, uma sociedade violenta influencia igualmente a violência do jovem.

E quem mediará essa incongruência, esse paradoxo? Você, pai ou mãe. É duro, porém devemos mostrar que nem tudo o que aprendemos na infância como certo e errado é aplicado na vida adulta. Quanto é difícil para nós, pais, aceitarmos estas mudanças: o início da sexualidade, os horários de volta para casa, etc.!

A verdade sempre deve ser dita, assim como os receios e temores; afinal, nós também somos parte de uma sociedade em constante transformação.

Acidentes de trânsito, suicídio envolvendo os adolescentes, as drogas, a delinqüência, tudo isso é muito preocupante. O que fazer? Falar sobre tudo o que envolve violência?

Acredito que, desde pequenos, nossos filhos devem saber que não se entra no carro de ninguém, somente daquelas pessoas muito, muito conhecidas do papai e da mamãe; caso contrário, só no carro do pai ou da mãe. Se a criança ou o adolescente questionar, explique sem maximizar sobre seqüestro e sedução.

Deve-se, também, comentar com as crianças e os adolescentes sobre a violência sexual. Em cada etapa da vida, podemos usar determinados aspectos. Quanto às crianças, a objetividade em dizer que ninguém deve pegar em seu "pipi" ou "bumbum", somente a mamãe ou o papai, é correta. Se a criança perguntar o porquê, explica-se a verdade: "Algumas pessoas más, às vezes, abusam sexualmente das crianças. Um dia, você será grande e poderá amar como nós, adultos. Tudo tem seu tempo certo".

Conheci uma adolescente, L.P., 16 anos. Chorando muito em sua consulta, a jovem revelou que perdera a virgindade aos 15 anos. Contou-me que fora dormir na casa de uma amiga e que lhe cederam o quarto de hóspedes. Durante a madrugada, o irmão da amiga entrou no quarto e seduziu-a. Perguntei-lhe por que ela não chamou alguém. L.P. respondeu que ficara com vergonha, pois não conhecia ninguém da casa, somente a amiga.

Interessante notar como é comum esse fato com adolescentes que vão dormir na casa de amigos. Normalmente, um adulto é o agressor sexual.

Há muitos casos de distúrbios sexuais, transtornos de humor e até mesmo de distúrbios de conduta social e de psicopatias cuja causa foi a sedução sexual infantil de forma recorrente. Para algumas vítimas, o trauma jamais é superado, a exemplo de muitos pedófilos e sadomasoquistas.

Os pais devem estar atentos, pois sempre um adolescente quer dormir na casa de um amigo. A regra é básica: conhecemos bem as pessoas da casa? São pessoas de confiança? Se a resposta for negativa, não deixe seu filho ir. Explique que, com mais idade, ele será independente e poderá ir e vir como os pais fazem. Em caso de relutância, seja firme. Diga, por exemplo, "É uma postura minha e de seu (sua) pai (mãe)". Antes, contudo, utilize e esgote outros recursos. Deixe este por último.

A psicologia pela contramão

Eu sei que é horrível, mas temos de falar sobre assaltos e como orientar nossos filhos.

Em primeiro lugar, explique a seu filho que a preocupação existe e que não é de forma gratuita. Há alguns anos, íamos aos bailinhos e voltávamos em grupos pelas ruas sem a menor preocupação. Hoje, simplesmente é uma loucura!

Segundo dados, os homicídios envolvendo jovens ocorrem por motivos fúteis. Às vezes, mata-se por um tênis, por uma jaqueta ou até mesmo por uns trocados! A madrugada dos grandes centros é perigosa, e não se deve andar só. Há ainda perigo de parar em um semáforo fechado durante a madrugada!

É lamentável, mas jovens desacompanhados, em seus carros na madrugada, são vítimas de diversas formas de violência. Portanto, aconselhe seus filhos, em vista desses dados, a evitar ruas e avenidas desertas e pouco iluminadas; a não andar só; e, diante de um delinqüente armado, a jamais reagir. Nesse caso, tentar negociar, comunicar os movimentos e manter a calma é o mais seguro.

Mesmo assim, acostume-se com o adolescente tentando convencê-lo do contrário, com afirmações do tipo: "Você só pensa em desgraça! Você quer que eu fique preso nesta casa? Tudo você me corta!". O melhor é negociar e encontrar uma saída em que não se prenda totalmente o jovem, mas, também, principalmente se não tiver idade para tal. Negociar, levá-lo a determinado lugar, estabelecer horários, combinar com outro pai ou mãe para buscar os filhos, saber o local freqüentado e ter o celular ligado para a comunicação, tudo isso é indispensável.

Os jovens também devem entender que, enquanto não chegam em casa, dificilmente os pais relaxam o necessário. Deve-se fazer com que eles se coloquem no lugar dos pais.

Uma de minhas filhas, certa noite, assim que chegou da "balada", recebeu o telefonema do namorado avisando que também já havia chegado em casa. Eu, então, perguntei por que ele havia ligado àquela hora. Ela me respondeu que pediu que ele telefonasse para que não ficasse preocupada. Em ocasiões assim é que reforçamos ao jovem: "Acho que você pode entender que o mesmo ocorre comigo e com sua (seu) mãe (pai) enquanto você não chega". Desenvolva a empatia nele.

Explique a seus filhos que todos queremos liberdade, ir e vir, viver em paz e que, para que ocorra, em breve, uma sociedade melhor, mais justa, humana e solidária, temos de começar dentro de casa.

Devemos explicar a nossos filhos que o mundo violento se deve a injustiças sociais, impunidade, desigualdades, falta de emprego, corrupção, maus-tratos para com as crianças, criminalidade, além de falta de escola, de saúde pública e de uma política honesta e transparente. Fale sobre drogas, a influência da mídia, más companhias e perigos em geral. Mostre a eles que a união faz a força e que se eles forem pessoas boas e não justificarem suas irregularidades por meio da comparação com os que roubam e enganam, inclusive com os poderosos que dirigem o País, estaremos formando uma nova sociedade mais justa, mais humana, em que nos sintamos verdadeiros filhos de Deus, pois cada semelhante é, na verdade, um irmão nosso.

Hoje, realmente vivemos uma situação já prevista pelo escritor Rui Barbosa, que dizia: "De tanto ver triunfar as nulidades, de tanto ver prosperar a desonra, de tanto ver crescer a injustiça, de tanto ver agigantarem-se os poderes nas mãos dos maus, o homem chega a desanimar da virtude, a rir-se da honra, a ter vergonha de ser honesto".

Se, em cada casa, em cada lar, os pais se preocuparem em criar filhos bons e honrados, preparando-os para um mundo violento e, simultaneamente, para uma sociedade melhor, os provérbios de Santo Agostinho, de Heribert Ran e de Napoleon Hill se justificarão:

"Com o amor ao próximo, o pobre é rico; sem esse amor, o rico é pobre" (Santo Agostinho).

"O amor é a base, a essência e o fim da existência. Só por meio do amor é que nos conhecemos a nós mesmos e compreendemos o mundo e a vida" (Heribert Ran).

"O Homem é tão grande quanto a medida do seu pensamento" (Napoleon Hill).

Capítulo XIII
Responsabilidade dos filhos

Conforme já vimos, sempre quando se elogia uma atitude correta, o ser humano sente-se querido e admirado. Todos nós temos um "herói" interno, que precisa sair e ser reconhecido pelas suas qualidades e conteúdos.

Receber o salário mensal é bom e, igualmente, quando somos reconhecidos e valorizados pela tarefa que executamos. Nossos filhos também se sentem fortes quando ganham um campeonato ou quando são elogiados pelos professores e por nós.

Por isso **sempre elogie** atitudes boas, corretas e bem-intencionadas dos filhos, porém de forma autêntica, sem extremismos. Não o subestime. Qualquer exagero será percebido. Contudo, a responsabilidade deles também deve ser acompanhada no tocante ao combinado.

Desde cedo, os filhos devem saber que possuem direitos, como afeto, proteção, escola, moradia e, acima de tudo, o amor de uma família. As responsabilidades também devem ser sinalizadas, de forma proporcional à idade.

Mesmo que ofereçamos todo o afeto e a proteção, os adolescentes sempre nos testarão.

Alguns pais fazem que não percebem. Muitas vezes, não querem chamar a atenção dos filhos, alegando que são crianças. Não cometa esse erro. Estamos preparando os filhos para o mundo, e, se você não for claro e firme com o garotão de 11 anos em relação a que ele deve manter seus livros e cadernos sobre a escrivaninha, a escola não terá a mesma tolerância quanto a permitir livros e cadernos pelo chão. Caso o fato se repita, converse, mostre que essa é uma obrigação dele, assim como você, mãe e pai, também tem responsabilidades, e que todos vivem bem quando assumimos nossas obrigações. Persistindo o erro, puna-o! Nunca batendo, berrando, etc. Corte o videogame por um dia.

Se você tem mais filhos com idades próximas, as normas devem ser para todos, adaptadas e conforme a maturidade e os merecimentos.

Jovens delinqüentes e violentos de camadas socioeconômicas menos privilegiadas, de forma geral, sofreram negligências e maus-tratos; contudo, muitos de classe média/alta não tiveram **limites**, não tiveram cobradas suas responsabilidades, e a permissividade acaba sendo traduzida como um "libera geral". Com certeza, não é o que queremos para nossos filhos.

Sempre ouviremos: "De novo com essas chatices! Lá vem o general!". Às vezes, é bom fazer de conta que não ouvimos, desde que eles parem por aí e cumpram seus deveres e responsabilidades.

    Estar atento ao cotidiano e aproveitar certas ocasiões ajuda muito a mostrar a necessidade de limites, normas e responsabilidades. Um semáforo com a luz vermelha para nós significa uma norma e que devemos ter a responsabilidade de parar a fim de evitar uma colisão com possíveis vítimas, pois, no outro sentido, a luz está verde, autorizando os veículos a passar. Deve-se explicar à criança e ao adolescente que, se não houvesse essa norma e a responsabilidade em cumpri-la, o caos seria geral.

    Para um adolescente entender melhor a necessidade de normas, nada melhor do que o futebol: o árbitro serve para aplicar as normas que validam ou não as jogadas. Todos os jogadores conhecem as regras, sabem de seus direitos e de suas responsabilidades em campo. Se algum jogador entrar de forma irresponsável em uma jogada a ponto de contundir o adversário, sabe que pode ser punido com o cartão amarelo ou até com a expulsão da partida. Polemize com o adolescente como seria um jogo sem regras, normas e sem arbitragem. Faça um paralelo com a sociedade: sem hierarquias, sem horários, sem regras, etc. Ele entenderá e bem, mas não deixará de "torcer o nariz". Seja paciente. Explique com outros exemplos, volte quando possível ao assunto **responsabilidades**, mas não deixe, em hipótese alguma, de dar limite. Diga o que pode e o que não pode ser feito.

Se houvesse maior atenção, por parte de nossas autoridades, ao esporte e à sua prática, em forma de campeonatos entre colégios, com meninos de rua e com os internos da Febem, será que não teríamos uma melhora parcial na socialização e, conseqüentemente, uma queda no índice de violência juvenil?

Um renomado colégio de São Paulo promoveu uma gincana com duas classes, totalizando 40 alunos do ensino fundamental. Alguns deles apresentavam problemas com disciplina. Foram acampar com dez barracas, tendo quatro alunos em cada uma. A tarefa consistia em organizar-se, durante três dias, no tocante a:

— Quem faria a comida?
— Quem faria as compras?
— Quem lavaria a louça?
— Quem limparia e organizaria roupas e cobertores da barraca?

Houve muita discussão. Contudo, eles acabaram revezando as tarefas e, na dinâmica de grupo, entenderam melhor o significado de viver em sociedade e que as responsabilidades, limites, normas e solidariedade são indispensáveis.

A violência juvenil não tem uma única causa específica. Todo e qualquer delito ou qualquer atitude que abala o convívio social, bem como o direito e respeito ao semelhante, devem ser corrigidos na infância e na adolescência.

De forma educada, deixe claro o que você, pai ou mãe, quer dizer com responsabilidades, ou seja, o jovem deve:
— realizar os trabalhos escolares;
— ajudar a organizar seu quarto;
— administrar a mesada;
— respeitar os horários da casa;
— retornar para casa no horário combinado;
— perceber que há formas de mostrar sua raiva, sem violência ou palavrões;
— responder pelos seus atos;
— respeitar as outras pessoas;
— saber que também tem direitos.

De acordo com a faixa etária, as responsabilidades são outras, porém sempre devem fazer parte da educação. Tenha certeza de que não traumatiza.

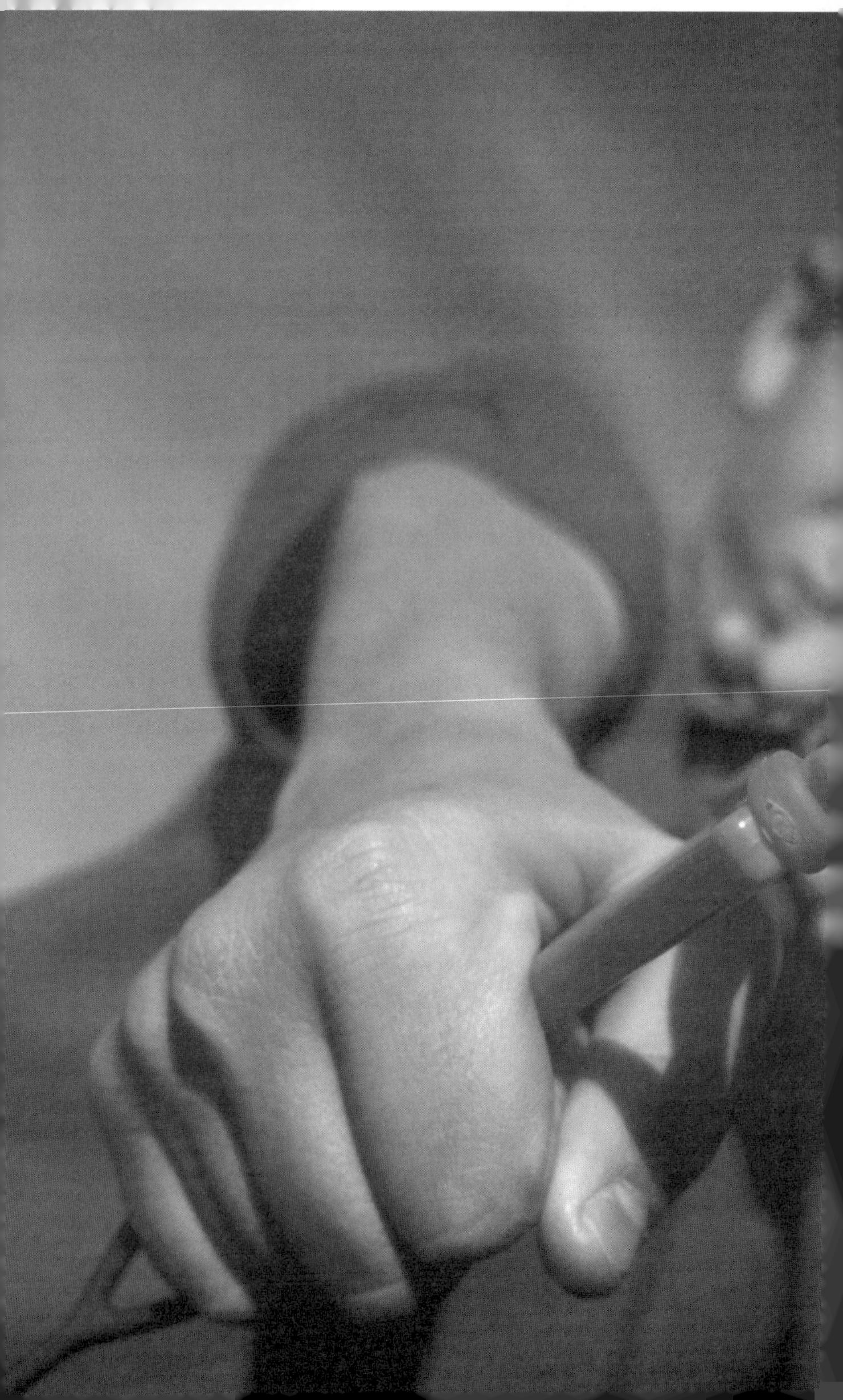

Segunda parte

Capítulo I
O jovem precisando de ajuda

Até aqui, falamos de prevenção ou de algumas situações de conflitos e problemas que quase todos os adolescentes apresentam, uns mais, outros menos.

Daqui para a frente, falaremos do jovem com problemas preocupantes e alguns até graves, em que a ajuda profissional se torna recomendada.

No início da primeira parte, quando abordava problemas de crianças com alterações de comportamento e de humor, recomendei, antes de começar um trabalho psicológico, a avaliação de um psiquiatra infantil e de um pediatra. Da mesma forma, quando um adolescente principia a ter problemas familiares, escolares e sociais de forma acentuada, deve-se, primeiramente, procurar um clínico geral para que se descartem problemas orgânicos que alteram o comportamento. A adolescência é um período de muitas transformações e, até mesmo, de manifestações de doenças psiquiátricas.

Problemas de tireóide, hipomanias, depressões não diagnosticadas, distúrbio de déficit de atenção (DDA) e outras ocorrências podem mudar seriamente a conduta de um adolescente. Por isso uma avaliação médica é indispensável, e, provavelmente, mesmo que não seja detectado nada, o trabalho, muitas vezes, é multidisciplinar (para os casos mais graves).

Sem dúvida alguma, a adolescência está se estendendo. Encontramos jovens com 24 anos agindo como perfeitos adolescentes. Recentemente, uma revista trouxe, na capa, a seguinte matéria: "Filhos tiranos, pais perdidos". Um jornal de São Paulo trouxe outra matéria abordando o assunto: "A Síndrome dos Kiddults (criança adulto)". "O sociólogo inglês Frank Furedi analisa a crescente infantilização da cultura contemporânea que tem se alastrado pela universidade, literatura, televisão, cinema e arte em todo o mundo."

Adultescente ou *Kiddults* = alguém que se nega a crescer, assumir compromissos. Preferem chegar à meia-idade "fazendo farra".

A manifestação mais significativa dessa cultura infantil que atinge o adulto jovem pode ser vista na mídia. As cifras de audiência atestam a popularidade da rede Cartoon entre telespectadores de 18 a 34 anos de idade. Uma criança presa em um adulto, a exemplo do filme "Forrest Gump" ou de, em outras épocas, "Peter Pan", o garoto que não queria crescer.

É sabido que esse fenômeno não é novo. Entretanto, o que abordarei são novos detalhes dessa infantilização: detalhes preocupantes como a violência, a perversão, o egocentrismo acentuado presentes em alguns jovens, que, em geral, são fechados em si mesmos, falam de sentimentos, mas não os sentem, e o grande perigo é a marginalidade.

Esse é um jovem em risco. Nosso objetivo é tentar amadurecê-lo, com a ajuda de todos, pois nunca é tarde. Contudo, quanto mais cedo forem tomadas as providências, melhor o prognóstico.

Tal adolescente deu indícios, durante sua vida, de problemas com disciplina, precocidades, alterações de conduta e certa ansiedade não percebida. Quando levado ao consultório pelos pais, não coopera e afirma que não é louco, e sim que os pais são loucos.

O perfil do adolescente em risco

Ele adora festas, sair com amigos, viajar com a "galera" e praticar alguma modalidade esportiva. Normalmente, bebe ou usa um "baseado", cigarro de maconha, para dar "um agito". Muitos adolescentes em risco são até interessantes ao primeiro contato; tentam impressionar falando alto, contando piadas e, muitas vezes, riem por qualquer coisa. Gostam de exibir-se e mostrar que possuem vários amigos, que, na maioria das vezes, formam laços frágeis de amizade.

Quando estão em grupos, são capazes de cometer alguns delitos, como não pagar a conta de um restaurante e sair correndo, passar um cheque sem fundos ou sem autorização dos pais. Dificilmente, comentam seus atos ilegais, sentem-se os donos do mundo. Suas necessidades serão prioridade, mesmo que isso inclua prejudicar alguém. Contudo, se alguém faz alguma coisa que os irrita, a raiva assume proporções de fúria, e eles podem partir para a violência.

A irresponsabilidade vai se tornando visível, principalmente quanto aos horários da escola, tarefas não cumpridas, desordem do quarto, e, quando trabalham, o mesmo ocorre: problemas como ausências, atrasos, falta de cooperação e de disciplina. Assumem compromissos financeiros em excesso e, muitas vezes, não podem arcá-los. Se possuem mais de 18 anos, chegam a perder a conta bancária em razão de cheques sem fundo e passam a solicitar dos pais uma mesada maior, cartões de crédito e constantemente dinheiro.

É muito comum pegarem o carro dos pais sem autorização, assim como alguns trocados, e saírem para a "balada" com a "galera", além de dirigir em alta velocidade, sem respeitar as leis de trânsito, e consumir algumas latas de cerveja, estendendo-se pela noite. Isso quando eles não são menores de idade e dirigem sem a carteira de habilitação e sem permissão.

Quando são cobrados pelos pais, respondem de forma e com conteúdo vagos: "Ah, estava sem fazer nada. Deu a louca, e saí com os amigos"; "Vocês só me cobram e me aborrecem, reclamam. Parece que não querem a minha felicidade"; "Vocês não foram jovens?". Viram as costas e fecham-se no quarto, ligando o som bem alto, a fim de encerrar o assunto, e ponto final.

Antes de prosseguir, gostaria de salientar aos pais que nem todos os dados e características aqui citados sobre o jovem em risco, bem como a intensidade e a freqüência dos sintomas, são iguais. Muitos preencherão alguns dados, e outros, quem sabe, quase todos. Logicamente, quanto maior a identificação, maiores a gravidade e a necessidade de ajuda.

Os adolescentes que mais nos preocupam são aqueles capazes de maldades, atos violentos e perversos, podendo até chegar a cometer homicídios e, não raro, suicídio. Quanto mais cedo os pais agirem, melhores serão as oportunidades de readaptá-los a um convívio saudável. Sempre que houver luz no fim do túnel, temos de tentar. Em algum momento eles o escutarão.

Os adolescentes em risco parecem ter muita raiva, são irônicos, fazem todo tipo de chantagem, negam os fatos, deixando os pais, freqüentemente, esgotados e estressados, conforme veremos adiante.

Muitas vezes, conseguem que os pais briguem; dispõem da habilidade de confundi-los. Sempre quando têm alguma tarefa ou responsabilidade assumida, adiam ao máximo, utilizando-se de álibis e pensamentos mágicos, como: "Amanhã eu dou um jeito. Meus pais nem vão perceber o dinheiro que peguei"; "Um baseado não pega nada"; e assim por diante.

Durante as aulas, são dispersos, costumam tumultuar e, por diversas vezes, discutem com os professores, usando de sarcasmo, o que leva a uma série de reclamações e punições disciplinares. "Matar aula" para uma "baladinha" está na lista das advertências escolares.

Outro aspecto é a precocidade sexual: sem vínculos afetivos, podendo tornar-se um hábito, tanto com garotas liberais quanto com prostitutas. Mostram-se capazes de conquistar garotas e muitas vezes, na verdade, ficam inibidos diante delas. Não é incomum falharem na hora "H", passando a utilizar medicamentos que auxiliam a ereção do pênis, tudo por causa de inseguranças e de infantilidades. Quando não está presente essa insegurança sexual, costumam envolver-se com diversas garotas sem se importar com os sentimentos delas. A relação é quase que instintiva, apenas para descarga sexual. Sua forma superficial de tratá-las faz com que as mais maduras se afastem rapidamente quando percebem que estão com um "garotinho". Muitas vezes, por temerem ser abandonados, chegam a usar de certa agressividade com suas namoradas. Mentem constantemente que as amam, bem como sobre os "sumiços" nos fins de semana e sobre as "baladas" nas madrugadas de quintas e sextas-feiras, deixando todos, inclusive os pais, de "cabelos em pé".

Seus companheiros de "baladas" costumam ter comportamentos semelhantes. Os vizinhos e o síndico do prédio reclamam dos barulhos, do som alto do automóvel, de manobras perigosas na garagem do prédio, etc.

Muitas vezes, os pais acabam encobrindo ou justificando essas atitudes como "São coisas de jovem", "É a idade. Desculpe! Vamos tomar providências", etc. E, quando os pais cobram a responsabilidade pelas reclamações, o filho, adolescente, responde ser perseguido, discute, fala palavrões ou simplesmente ignora.

Quando os adolescentes chegam a esse ponto — e, com certeza, o leitor já identificou alguém de seu convívio em risco —, eles dificilmente percebem seu quadro, não mostram arrependimento e, se o fazem, é da boca para fora.

Talvez com a mãe até conversem e façam promessas de melhora e, raras vezes, podem demonstrar um carinho; contudo, na semana seguinte, outra novidade: "Você estava com uma garrafa de vodca com sua garota, comportando-se de forma inconveniente na garagem do prédio, além do volume alto do som às 2 horas da manhã!".

Percebem-se ausência de autocrítica, uma visível maneira de agredir, egoísmo acentuado, indisciplina, falta de ética e de respeito pelas pessoas, além de uma forma desregrada de vida em que o adolescente pensa: "As minhas necessidades são prioridade e devem ser saciadas irrestritamente. O universo gira a meu redor".

E.L.P. era um desses casos. Estava com 18 anos quando o conheci. Seu relacionamento com o pai era péssimo. Apenas falavam o necessário. Trabalhavam juntos em um comércio próprio.

A queixa principal era que E.L.P. saía todas as noites para os bares com os amigos, pagava a conta para todos, bebia, usava maconha com freqüência e, às vezes, cheirava cocaína, o que o deixava agressivo. Várias vezes, fui chamado para interceder nas discussões acirradas que tinha com o pai.

O jovem abandonou os estudos e levantava-se por volta das 11 horas. Trabalhava, como caixa, no comércio do pai. Entrava a hora que bem entendia e, quando saía, sempre pegava dinheiro, além de seu salário. Não era o suficiente. Foram várias as vezes em que o pai o flagrou pegando dinheiro escondido, motivo de novas brigas. Certo dia, o irmão mais velho, depois de presenciar o adolescente desferir um soco no pai, deu-lhe uma surra. Todos foram para a delegacia. E.L.P. contraiu o vírus HIV por causa do uso de drogas endovenosas e, depois de 12 meses, suicidou-se.

Nota-se, nesse caso, como a lealdade era ignorada pelo adolescente, como não suportava ser chamado à atenção ao lhe cobrarem responsabilidades.

Sua defesa era o ataque com palavrões e até socos. Havia um ódio acentuado pelo pai, que deixava a todos paralisados e perplexos. Refletir sobre suas atitudes e fazer reparações eram impossíveis para E.L.P. Simplesmente não se culpava por nada, e os erros eram sempre do pai ou de qualquer um que tentasse fazer oposição a ele. Sua irresponsabilidade era tanta que sempre brincava com a vida, tal como uma criança que desconhece os perigos do fósforo próximo do álcool.

Sempre estava com o carro batido, e nunca era ele quem provocava os acidentes, embora estivesse constantemente alcoolizado ou sob o efeito de drogas.

O jovem em risco, em geral, usa drogas, bem como a maioria de seus amigos. Querem sempre prazer por não tolerar a frustração e, paradoxalmente, são frustrados. Há um vazio em razão da idade cronológica não ser compatível com a psicológica, e esse vazio, às vezes angustiante, é solucionado de forma química, ou seja, a droga é o agente apaziguador. Quando são usuários de cocaína, tornam-se insuportáveis, violentos, desonestos e emagrecem muito. Tudo a seu redor fica desorganizado. Existem sempre rastros da vida irregular e insana que passam a viver.

Em muitos casos, conforme já mencionei, é uma forma de pedir socorro, embora se recusem a aceitá-la. Sempre há um álibi justificando que não precisam de ajuda e que gostam da vida que levam.

O mágico pensamento de que trabalharão, se tornarão independentes e morarão só não passa de mera tagarelice, uma coleção de blablablás.

Os pais mergulham em desespero, acabam agredindo-os e geralmente assumem as responsabilidades, como pagar contas, até mesmo de drogas, e responder por suas delinqüências. Ficam envergonhados, sentem-se derrotados e culpados e, em muitos casos, adoecem.

G. tinha 20 anos quando fui procurado pela família. A mãe era dona de casa, e o pai, um político conhecido. G. estava sem estudar; possuía um carro zero quilômetro, roupas boas e dinheiro. Sempre estudou em bons colégios, viajava pelo Nordeste durante as férias e conhecia os Estados Unidos. Era usuário de maconha e álcool. Freqüentava "baladas" de segunda a segunda-feira e, várias vezes, chegava com o dia claro.

A queixa principal era: G. não queria trabalhar nem estudar. Mais tarde, descobriu-se que estava dependente de cocaína. Não falava com os pais, acordava por volta das 15 horas e, no começo da noite, saía para as "baladas". Foi preso por assalto a frentistas em postos de gasolina.

Justificava os assaltos dizendo que estava sem dinheiro e que os pais tinham muito, mas que "regulavam" para ele; que era rico, como de fato era. Os pais deram de tudo a G., impedindo-o de crescer e de ter responsabilidades. Emocionalmente, era indiferente aos sentimentos dos familiares.

Seu pai enfartou. G. mostrou-se frio e saiu para a noite. Há dois anos, encontrei-o com um carro caríssimo. Pareceu-me abatido, tudo indicando que a situação não mudara muito.

O mesmo problema vem aparecendo com certa freqüência entre meninas adolescentes. Foi o caso de R.R., de 17 anos, classe média e estudante do ensino médio. Inicialmente, começou a beber e a fumar. Cabulava aula e teve queda no rendimento escolar.

R.R. não aceitava voltar para casa no horário estabelecido pelos pais, mentia que ia dormir na casa de uma das amigas e saía com um grupo de amigos para a noitada. Quando interrogada, sua raiva se tornava fúria, a ponto de quebrar objetos e de atirá-los na mãe. Pegou um talão de cheques da mãe e utilizou algumas folhas. Experimentou *ecstasy* duas vezes e, aos 18 anos, ficou grávida.

Hoje, com 28 anos, lembra-se de toda sua rebeldia. É polêmica e autoritária, porém se recuperou. Está casada e é gerente de um banco renomado. Cada caso é um caso.

É vital perceber bem a conduta de um jovem. Pode ser somente uma fase de transgressão normal da adolescência.

Alguns adolescentes chegam a passar rapidamente pela fase de rebeldia e oposições; outros batem boca, questionam os pais. Um dia, passam pelo primeiro "pileque", uma cabulada de aula; ficam com mais de uma pessoa numa "balada", etc.

Até aqui, tudo relativamente bem, desde que o jovem apresente condições de equilíbrio para discutir os atos com os pais, fazer reparações e negociar novos horários, critérios e o que é válido ou não.

Nesses casos, o controle da situação é mantido pelos pais, que devem ser flexíveis aos pedidos razoáveis do adolescente rebelde, mas desde que ele cumpra o prometido e suas responsabilidades. Diferentemente dos casos em que a autoridade paterna e materna não é respeitada; em que há violências recorrentes, atos maldosos, drogas, perversões e delinqüências. É aí que devemos agir rapidamente, com pulso e determinação.

O prognóstico é reservado para os jovens que estão nessas circunstâncias; porém, não é impossível conseguir mudanças, conforme o caso do jovem S.M., de 16 anos.

Ele era mentiroso e já havia feito inúmeras trapaças com os pais. Foi internado em uma clínica para solucionar sua dependência com cocaína e fugiu. S.M. especializou-se em roubar carros. No começo, era para se exibir para as garotas; posteriormente, chegou a negociá-los. Tinha um revólver em casa e envolveu-se com a Justiça. Conseguir que ele freqüentasse sessões de psicoterapia foi um caos. Foi colocado para fora de casa. Retornava dizendo ter mudado. Várias vezes, saiu no tapa com o pai, que não o aceitava dessa forma e voltava a colocá-lo na rua.

Hoje, aos 26 anos, está separado e tem dois filhos. Parou completamente com a cocaína, mas, uma vez por semana, submete-se à psicoterapia de manutenção. Ainda é muito agitado e impulsivo; contudo, o enquadramento social ocorreu com êxito, possibilitando um convívio aceitável com a família e a sociedade, mas ainda falta muito para sua alta.

Lembre-se: esses casos, quando não tratados pela família e por profissionais especializados, podem evoluir para as psicopatias e problemas de conduta, em que se incluem: ser cruel e iniciar brigas violentas, forçar alguém à atividade sexual, roubar à mão armada, cometer homicídios ou suicídio.

Bernardo era um garoto de 5 anos quando o conheci. Sua mãe, uma mulher de pouca escolaridade, estava no terceiro relacionamento depois do nascimento do menino, e o segundo padrasto seduziu-o durante meses. Sua mãe ficava o dia inteiro fora de casa, à busca de sustento. O companheiro atual batia muito em Bernardo e, quando bebia, também agredia a mãe. O garoto abandonou a escola na 3ª série do ensino fundamental e, por causa dos maus-tratos, foi morar na rua. O *crack* e o revólver eram seus companheiros aos 16 anos. Segundo informações, entrou para uma gangue e passou a praticar assaltos à mão armada, até mesmo cometendo homicídios e estupros.

Atualmente, não sei se está vivo. O que sei é que, infelizmente, Bernardo é reflexo do que ocorre em muitos lares: violência, sedução, álcool, drogas, negligência, incluindo falta de afeto e de proteção, família desorganizada e abandono escolar.

É assim o ingresso na faculdade do crime. Violência gerando violência. Seria quase impossível, depois de tantos maus-tratos, Bernardo falar em amor e respeito ao próximo com todo o mal que recebeu. Tornou-se frio, cruel, um psicopata.

A esta altura, com os exemplos citados, o leitor deve estar perguntando: "E os pais? Como ficam diante de todos esses traumas? Não ficam esgotados e até doentes?". A resposta é sim. Tanto é que eles também precisam de ajuda psicológica para ter "gás" no processo de tentar recuperar o adolescente em risco. Normalmente, os pais, antes de procurar ajuda para o filho-problema, passam pelo seguinte trajeto até chegar ao estresse total:

— Ficam envergonhados diante dos atos infantis e perversos do filho.

— Ficam magoados e aborrecidos, pois seus pedidos de que o jovem mude não são ouvidos.

— Começam a encarregar-se das irresponsabilidades do jovem.

— Justificam alguns atos dizendo: "Ele tem problemas; é jovem. Com o tempo muda".

— Mentem para acobertar o adolescente.

— Pensam constantemente em como podem ajudar.

— Ficam com raiva e usam de sarcasmo e críticas com o jovem.

— Fazem ameaças sem realmente cumpri-las.

— Suplicam que ele mude. Pedem ajuda a Deus e fazem promessas.

— Perdem o controle e acabam berrando e, às vezes, usando a força física.

— Param de rir. Começam a não sentir graça na vida.

— Sentem-se culpados.

— Aumentam o consumo de bebidas ou calmantes.

— Vivem em estado de confusão, pois o adolescente não muda.

— O desespero toma conta, e todos os dias há brigas, ofensas, até mesmo entre os pais, à busca de culpados.

— Os pais perdem o domínio da situação. Até a vida conjugal se abala.

— Os pais começam a apresentar sintomas de doenças provocadas pelas emoções.

— Desesperados, procuram ajuda para o filho e para eles.

Quando os pais procuram ajuda, em geral de um psicólogo ou psiquiatra, o adolescente, antes de colaborar, apresentará uma série de comportamentos cujo pano de fundo é a recusa. Em primeiro lugar, ele não se rende, não admite que tem problemas, que usa algum tipo de droga, que perturba a casa e os condôminos. Ignora que não tem disciplina nem ética e que está perdendo princípios importantes, como o da moral.

Ele tem a visão em túnel, ou seja, só percebe o que lhe convém; tem uma imagem distorcida da realidade dele. Diante do fato de não ser atendido, retruca, dizendo: "Não sou louco! Para que um psicólogo?". Torna-se revoltado e desiludido com os pais. Tudo que circula ao lado não merece atenção. Tudo é exagero dos pais; afinal, ele "não é assim".

O adolescente não apresenta um ponto de equilíbrio. Sua autocrítica desaparece na consulta, pois seu pensamento é rígido, extremista. O psicólogo e os pais tornam-se autoritários, deixando-o ressentido e desconfiado. A negação é grande.

Em outras sessões, inclusive com a família, fica difícil apresentar sentimentos de afeto e de amor. O discurso é todo contraditório e, muitas vezes, "chulo". Sua identidade está perdida, por causa dos diversos papéis que assume. As sessões transformam-se em alvo de manipulação. Suas explicações para seus atos sofrem de consistência e lógica. Tudo ele minimiza: "Não é bem assim. Meus pais estão exagerando! Às vezes, eu uso um baseadinho e só peguei dinheiro uma vez! O talão de cheques? Não tenho a mínima idéia". Quando confrontado, age com hostilidade e com agressões verbais.

L.L. passou um cheque do pai no posto de gasolina, sem saber que o talão já estava sustado. Quando o cheque foi mostrado a ele e com a confirmação do frentista de que havia pegado o cheque de suas mãos, o jovem saiu do consultório batendo a porta e dizendo vários palavrões.

Desfocar o assunto a fim de não ser pego de "calças curtas" é outra sutil habilidade.

Assim é o curso das sessões de psicoterapia, em que se tenta despertar no adolescente a angústia, o arrependimento, para que ele possa fazer as reparações e modificar-se.

Há necessidade de muita paciência, pois o adolescente em risco torna-se "liso como um quiabo". Muitas vezes, ameaça abandonar a terapia, alegando que não adianta nada. Defende a idéia de que o dinheiro gasto com os honorários do profissional poderia ser dado a ele, e, assim, não precisaria pedir aos pais e muito menos ser tentado a pegar sem ordem. Afinal, ele é jovem, tem uma namorada e precisa de um dinheirinho.

Chegam a ser incríveis tais relatos, mas é assim que os adolescentes em risco se comportam no início do tratamento.

Essa postura se refere aos adolescentes e às famílias com certa organização, pois com os jovens de rua e de periferia, em que a organização familiar é fragmentada, o problema é mais social. Contudo, desde que se tenha uma casa ou lar com princípios básicos de organização, independentemente da camada social, os conselhos aqui mencionados podem ser aproveitados se os sintomas estiverem presentes.

Não é o intuito do escritor criar nenhuma situação de constrangimento, pois também sou pai. Mas é o momento de, carinhosamente, esclarecer: o adolescente em risco normalmente é produto de uma casa com problemas. Ele não é o único a ser tratado. Muitas vezes, é o recado de uma casa com diversos problemas, cuja estrutura pode estar muito obscura, envolvendo posturas diferentes dos pais, bem como os hábitos e valores.

Observei, em alguns casos, diversas situações de conflitos conjugais em que os casais, sem perceber, exacerbavam as críticas ao adolescente para evitar o conflito direto com o cônjuge.

V. era uma jovem de 17 anos. Sua mãe, professora, comprara um gato, que dormia diariamente na cama do casal. O marido era indiferente ao animal, que, por sinal, era muito bem cuidado. Um dia, depois de uma discussão acirrada, a mãe de V., furiosa com o marido, que reclamara do jantar, brigou com V., que acariciava o gato no colo, próximo da sala de jantar. Dizia a mãe: "V., você não percebe que aqui não é lugar de gato? Que falta de higiene!". Aos berros, expulsou a filha e o "bichano".

A mãe de V. acabara de fazer um deslocamento, ou seja, queria, na verdade, expulsar o marido, mas o fez com a filha. A postura foi incoerente, e, além disso, quem comprou o gato e permitia que ele dormisse na cama era ela, a mãe! Falta de higiene por falta de higiene, V. não era a culpada, mas, naquele momento, ela fora a lixeira de um conflito conjugal.

V. trancou-se no quarto e acendeu um cigarro de maconha para se acalmar.

Esse é apenas um exemplo; contudo, fica o conselho: quando um jovem está sintomaticamente em risco, a família também deve ser tratada. É, sim, provável que a casa esteja precisando de ajuda.

W. e S. eram casados havia vinte anos. W. era engenheiro, filho de agricultores, e teve uma educação rígida. S. era advogada em exercício. Tinham um filho de 18 anos, que acabara de entrar na faculdade de Educação Física.

O garoto, como qualquer um de sua idade, adorava "baladas"; porém, quando precisava de mais dinheiro e de maior flexibilidade de horários, falava com a mãe, pois esta cedia mais, e passou a ignorar o pai nessas ocasiões. O adolescente jogava conforme a conveniência da situação. Resultado: os pais separaram-se e, diante dos advogados, acusavam-se mutuamente. Ele se tornara o "sargentão"; ela, a negligente.

Pode-se perceber como as divergências de opinião quanto à educação podem estar abrindo "brechas" para um adolescente, que se aproveitará do conflito dos pais.

Aos pais

Lembrem-se:
— Nossa cabeça deve estar bem aberta.
— Permitam-se ser ajudados. Seu filho e sua casa precisam de uma força.
— Com certeza, nós, pais, também erramos; porém, estou convicto de que ninguém errou in-

tencionalmente para prejudicar o filho. Dêem o exemplo!

— Submetam-se a uma ajuda psicológica e exijam que sua casa e o adolescente em risco também o façam.

Capítulo II
Aos pais — Como agir

Quando o adolescente apresenta, em algum grau, agressividade e distúrbio de conduta, o problema já está presente, e é hora de agir com ele e com os pais. Ele terá de se enquadrar socialmente, e os pais que forem excessivamente autoritários terão de repensar esse comportamento. Os que forem superprotetores e permissivos também.

Analise estas questões em relação ao seu filho:

— Você vive brigando com ele?

— Você tem pena dele? Por quê?

— Você não confronta as infantilidades dele?

— Sente-se frágil para cobrar-lhe responsabilidades?

— Sente pena em puni-lo pelos seus atos de vandalismo e chauvinismo?

— Por que vocês toleram todo esse comportamento?

— Vocês só vêem defeitos nele? Nunca o elogiam?

Vamos conversar? Você — pai, mãe, tutor ou quem quer que cuide de um adolescente em risco — está realmente disposto a mudar? A voltar atrás? A pedir desculpas? A ser firme e decidido, a tomar providências? E a confrontá-lo? Terá coragem, se for necessário, de pedir que ele decida por um lar que o ame ou pelo submundo? Caso sua resposta seja "sim", vamos em frente.

Nas situações familiares, as oportunidades serão melhores quando pai e mãe estiverem com a mesma opinião e decisão. Enquanto houver um dos cônjuges com opinião diferente, o processo será obsoleto. Decidam! O que vocês realmente querem atingir? Qual é o objetivo? E como consegui-lo? Querem realmente fazer tudo para recuperar um filho que se está desviando? Ajam com cumplicidade! Tentem corrigir os erros da vida conjugal. É como se fosse um estágio, para, depois, focar o adolescente em risco.

Se o casal consegue corrigir os erros de comunicação no relacionamento amoroso, o mesmo pode ocorrer com a comunicação com o filho-problema.

O primeiro passo, já que problemas todos teremos, é o da comunicação. Especificamente, é ser assertivo, ou seja, como resolver problemas partindo do princípio de que o desentendimento faz parte das relações humanas? A seguir, mostramos o que é ser não-assertivo, assertivo e agressivo.

Não-assertivo — Ser não-assertivo é permitir que outras pessoas tratem você, seus pensamentos e sentimentos da forma que quiserem, sem que você os desafie. Significa fazer o que os outros querem que você faça, apesar de seus próprios desejos.

O problema é evitado. Seus direitos legítimos são renunciados (desiste). Você vê o direito dos outros como superiores aos seus. Estabelece um padrão em que os outros tiram proveito (abusam) de você. Deixa que os outros escolham atividades para você. Acumula raiva e ressentimentos. Fala aos outros com respeito apenas pela outra pessoa. Falta-lhe confiança.

Assertivo — Assertividade é pensar e agir de forma que sejam defendidos seus direitos pessoais legítimos. É o ato de dar expressão a seus próprios pensamentos e sentimentos, de modo que defina suas próprias perspectivas humanas sem subtrair os direitos legítimos dos outros.

O problema é atacado. Seus direitos legítimos são reclamados. Você reconhece o direito dos outros como iguais aos seus. Estabelece um padrão de respeito mútuo. Escolhe atividades para si próprio. Lida com a raiva. Fala com os outros com respeito por aquela pessoa e por si próprio. É confiante.

Agressivo — Agressividade é defender o que você quer sem se importar com os direitos e sentimentos dos outros. A agressão pode ser física ou verbal.

A pessoa é atacada. Seus direitos são reclamados. Você vê seus direitos como superiores aos direitos dos outros. Estabelece um padrão em que você aproveita do outro. Escolhe suas próprias atividades e as atividades dos outros. Age com raiva. Fala com os outros com respeito a si próprio apenas. É arrogante, hostil.

Essas indicações devem ser bem assimiladas para que todos se beneficiem, em especial o adolescente em risco, já que a comunicação será o meio para atingir a resolução dos problemas.
Conclusão: Calar-se não resolve o conflito. Muito pelo contrário. Angustia a todos, e não se caminha.
Agredir a pessoa tampouco resolve. O clima se tornará hostil, e tudo girará na agressividade, levando ao caos, a pancadarias e à fragmentação da família.

A solução: atacar os problemas de forma clara, e nunca as pessoas, pedindo desculpas, aceitando as culpas e propondo a todos uma reformulação de valores e critérios para viver bem.
É nosso ponto de partida, incluindo a pessoa dele, ou seja, o adolescente em risco.
Feito o acordo entre o adolescente em risco e os pais responsáveis, prepare-se para vários diálogos de forma assertiva. De preferência, pai e mãe, juntos, devem chamar o adolescente em um mo-

mento em que ele esteja mais calmo e vocês também.

Evidentemente que a conversa dependerá muito do grau de transgressão do jovem. Partamos de um patamar não tão grave, porém preocupante. Refiro-me ao jovem que não quer ter horário, embora seja menor de 18 anos; está com mau desempenho escolar; cujo quarto é uma bagunça; agride física e verbalmente os irmãos e alguns amigos; procrastina; vê o sexo oposto como objeto de uso descartável; é irresponsável com os compromissos; mente; usa álcool, e há alguma suspeita de uso de drogas; é egocêntrico e se envolve em pequenos delitos.

Deixe claro que vocês, pais, estão preocupados com a conduta dele; que não estão ali para dar lições de moral, e sim promover uma conversa de ser humano para ser humano; que estão dispostos a reavaliar a educação e reparar os erros, mas que esperam o mesmo da parte dele para que possam viver bem.

Mais uma vez, reforço a importância de uma autocrítica dos pais para que se façam apontamentos. É vital que os pais não estejam cometendo o mesmo erro; caso contrário, cairíamos no ditado "Faça o que eu falo e não o que eu faço". Como ter poder de diálogo um pai que tenta admoestar um filho que chegou "alto" por causa de algumas cervejas se ele, pai, sempre está alcoolizado? Seja firme em dizer: "Muito embora você não seja mais uma criança, deve entender que também não é um adulto. Portanto, vamos estabelecer horários para chegar em casa durante a semana. Você sabe que, se chegar tarde, não terá condições de se levantar cedo para ir à escola e, mesmo que o faça, cairá de sono. Você deve saber igualmente que, se alguma coisa acontecer durante a madrugada e dependendo da gravidade, nós, pais, seremos responsabilizados. Nos fins de semana, dependendo de seu comportamento, seremos flexíveis".

Provavelmente, o adolescente retrucará da seguinte forma, e os pais responderão:

(Ele) — Todos os meus amigos chegam à hora que querem! Os pais não se incomodam com horários!

(Pais) — Isso não quer dizer que nós tenhamos a mesma atitude. Aqui em casa, pensamos que há horários para menores estabelecidos pela lei, e, além disso, se você não se organizar, tudo ficará uma bagunça. Você deve saber que tem o direito de ser protegido, receber educação, alimentação; contudo, deve saber também que tem obrigações. Suas notas não estão boas. Muito pelo contrário. Estão bem abaixo da média. Esta é uma de suas responsabilidades, e lembre-se de que nós temos responsabilidades e direitos.

(Ele) — Parece que vocês querem a minha infelicidade, não querem que eu me divirta. Vocês não foram jovens?

(Pais) — Fomos; porém, não podíamos chegar à hora que bem quiséssemos e tínhamos a responsabilidade de estudar! Queremos, sim, que você se divirta e que seja responsável, inclusive com os estudos e horários e na organização de seu quarto. A propósito, seus livros e cadernos estão espalhados pelo chão!

(Ele) — Para que temos uma empregada doméstica?

(Pais) — Para nos auxiliar, e não para organizar sua bagunça. Essa responsabilidade é sua, não dela!

(Ele) — Foi para isto que me chamaram? Para me aborrecer?

(Pais) — Estamos tentando entender-nos! Você não está bem; nós também não! O que você propõe?

(Ele) — Que não me "encham o saco".

(Pais) — Estamos falando com respeito à sua pessoa e exigimos o mesmo!

Digamos que, neste momento, ele se levante e saia da sala, batendo a porta e dizendo palavrões. O que fazer? Lembre-se de que não será fácil. Ele necessitará de um tempo para se reorganizar. O importante é que os pais não se percam no propósito e não desanimem. Deve-se ficar firme no ideal de recuperar um filho em risco. O processo exige persistência.

Quando ele voltar, espere que esteja mais calmo ou, até mesmo, em um outro momento em que os ânimos estejam bons e volte ao assunto.

(Pais) — Gostaríamos de saber por que você chamou sua irmã com palavrões e a empurrou.

(Ele) — Essa menina é um "pé". Só me "atazana" a vida!

(Pais) — Não fizemos um acordo? Não combinamos que poderíamos até ficar bravos uns com os outros, porém sem nenhuma agressão física ou verbal? Então, vamos relembrar: aqui, em casa, não admitimos agressões e falta de respeito, em hipótese alguma. Sua irmã comete erros, como todos nós. Talvez você até tenha razão em muitas coisas, porém a perde quando agride.

Muitas vezes, paralelamente às conversas, teremos de agir, principalmente quando o erro é recorrente e já se tinha dialogado a respeito.

(Pai) — Hoje você ficou furioso com sua mãe e novamente dirigiu vários palavrões a ela. Parece que não quer entender que não admitimos agressões!

É aí que se toma uma atitude. Digamos que, no quarto dele, haja um computador e que todas as noites ele converse com a "galera", entre no Orkut, etc. Desligue ou retire o computador dele por dois dias. Explique o porquê dessa atitude e não se impressione com suas reações; contudo, em hipótese alguma, mesmo que ele fique dócil de imediato, deixe de cumprir a punição. Categoricamente, ele ficará os dois dias sem o computador. Agindo assim, ele entenderá que os pais não estão brincando. Saberá que será castigado por suas ações e comportamentos inconvenientes.

D. estava com 18 anos, e seu perfil era idêntico: problemas com disciplina, falta de respeito, agressividade, etc. Seus pais, bem orientados, começaram a agir, fato que foi contestado de forma enfática por D., que ameaçou sair de casa, caso os pais continuassem com aquela "ditadura", assim denominada por "D".

Seu comportamento em nada mudara, e seus pais seguiam a orientação do psicólogo, que era de seu enquadramento social.

Em uma sexta-feira, depois do almoço, D. anunciou à mãe que iria embora. Esta ainda tentou convencê-lo do contrário, mas em vão. Segundo os pais, foram 48 horas de aflição. Aquele "menino" saíra para o mundo; porém, eles estavam determinados a seguir a orientação profissional.

No domingo à noite, D. ligou para casa, dizendo que passaria e pegaria algumas roupas. Chegando em casa, não falou com ninguém, pegou suas coisas e, quando estava saindo, pediu dinheiro, pois precisava alimentar-se.

(Pais) — Quando você resolveu sair de casa, é porque resolveu manter-se. Portanto, não vamos dar-lhe dinheiro. Se quiser, fique para o jantar.

D. bateu a porta e foi embora.

No meio da semana, aproveitando a ausência dos pais, D. passou em casa e deixou as roupas sujas para a diarista lavar. Esta recebeu instruções para nada fazer. D. já não suportava mais e pediu para conversar com os pais, que prontamente o receberam.

Nessa atitude do adolescente, percebe-se quanto ele testou os pais e como é importante que estes estejam unidos. D. percebeu que não resolveria seus problemas com chantagens. A estratégia não funcionou.

O adolescente, quando possui esse perfil, normalmente não tem intimidade com suas emoções. Para ele, é difícil falar de raiva, tédio, amor e sexualidade. Acostumou-se a falar pelas atitudes e, como transgride por meio dos atos, pode-se fazer a seguinte leitura: "Sinto raiva. Quero agredir".

Aos poucos, depois do incentivo dos pais, D. falou muito de suas raivas e ressentimentos. Todos fizeram uma verdadeira limpeza no emocional. Foi demonstrado a D., como o diálogo, mesmo que acirrado, incluindo sentimentos a exemplo da raiva, alivia, sensação que estava habituado a sentir somente quando fumava um cigarro de maconha.

Os pais devem estar atentos e não perder a oportunidade de mostrar que o diálogo alivia muito mais que as drogas e o álcool. Toda vez que o adolescente em risco apresenta esse momento em que há essa "brecha no emocional", em que ele se angustia e baixa a guarda e faz reparações, é um bom sinal. É quando ele fica mais flexível e aceita conversar sobre respeito, moral, disciplina, ética, princípios e normas da casa. Esta é uma oportunidade de ouro, que não se pode perder. Escute-o. Ele também deve ter suas razões, e, se necessário, peça desculpas.

Converse com ele, e, à medida que ele for melhorando, os pais devem atender aos pedidos razoáveis, desde que merecidos. Por exemplo: voltar a dar um dinheiro semanal quando ele respeitar os horários; deixá-lo sair de carro se ele estiver, comprovadamente, mais disciplinado e respeitoso. Elogie, com sinceridade, e abrace-o se ele parou de "brincar" com a maconha.

Em muitos casos, os jovens estão procurando autocontrole, e os pais podem auxiliá-los. Todavia, acredite que altos e baixos ocorrerão no processo de recuperação. Sucederão períodos de melhoria em que se respira. "Parece que ele está mudando." E, depois, ocorrem novas rebeldias, e vocês terão de se posicionar: "Tudo de novo? Sim, tudo de novo!".

Nesse caso, recomecem pelo diálogo. Não foi suficiente? Entrem com uma ação disciplinar. Por exemplo: novamente ele mentiu e chegou muito tarde sem avisar, e vocês souberam que ele estava "tirando racha" na Marginal e tinha bebido. Digam a ele: "Por causa de sua mentira e desobediência quanto a horários e rachas, você ficará sem o carro por dois dias (sábado e domingo)". Esse tipo de punição tem muito mais impacto do que três horas de discussão. Pelo contrário, não brigue! Apenas explique o porquê da punição. "Sábado e domingo, sem carro!". Ir ver a namorada de ônibus será, para ele, muito penoso; porém, se for merecido, faça-o. Ele ficará furioso, e, quando se acalmar, volte ao assunto, juntos, pai, mãe e filho.

Mostre que vocês também se estão corrigindo: "Só agora é que notamos como é importante conversar juntos sobre qualidades, defeitos, problemas de família". Deixe claro que será um hábito conversar em família e que talvez tenha passado despercebido esse importante instrumento de entendimento familiar e, por isso, a dificuldade de compreender as necessidades e sentimentos uns dos outros, inclusive a dele e vice-versa.

Deve ficar claro, para todos os integrantes da família, por que antigamente, depois do jantar, todos permaneciam à mesa para uma conversa sobre o dia de cada um, os problemas e preocupações da casa, quem está aborrecido com quem e por qual motivo.

Hoje em dia, quantos de nós não saímos de casa com os filhos dormindo e quando voltamos os encontramos na cama? Quantas vezes a família almoça ou janta reunida? Muitas vezes, encontramos a seguinte situação: um dos cônjuges janta só, o outro está com o prato de comida assistindo a algum telejornal, os filhos conversando no Orkut ou navegando na internet. Essa família não conversa! Isso não é nada bom. Parece "cada um por si e Deus para todos"!

Portanto, deixe claro, com esses exemplos, que todos precisam repensar o que vem a ser uma família. Sei que ele, o adolescente em risco, achará tudo uma grande bobagem. O importante é que o exemplo, agora corrigido, de pai, mãe e filho sentarem para jantar e depois conversarem fará dele, a princípio, apenas um corpo presente. Mesmo assim, inicie, depois do jantar, conversas sobre vocês. Em algum momento, ele participará, pois é algo que, no fundo, sempre desejou. Tudo o que é novo requer um tempo de adaptação.

Atingido parcialmente esse objetivo, tudo deve ser conversado via diálogo em casa e, conforme for, também na psicoterapia da família. A esta altura, ele já sabe que os pais estão falando a sério e que, se não houver colaboração dele, infelizmente novas medidas de punição serão tomadas.

Eis algumas posturas a serem adotadas em relação ao adolescente:

— Deixem claro que vocês farão coisas que agradem a vocês e a ele.

— Deixem claras as normas da casa: horários, jantar juntos, tarefas escolares, etc.

— Esclareçam que não deve haver violência com os irmãos nem palavrões com os pais.

— Digam que o que se quer é uma melhora da disciplina do adolescente caso ele esteja envolvido em brigas.

— Procurem saber sobre a educação sexual na escola, caso ele tenha menos idade.

— Discutam sobre o comportamento egoísta e chauvinista.

— Procurem não discursar. Dialoguem com o jovem. O tom professoral irrita.

— Conversem com os pais dos amigos dele.

— Saibam mais sobre os lugares que ele freqüenta. Se necessário, tomem providências e expliquem.

— Certifiquem-se sobre drogas. Se são uma brincadeira que envolve suas irresponsabilidades ou se há necessidade de tratamento especializado.

— Deixem claro que ele mora com vocês e que deve ter obrigações em casa, como deixar o quarto em ordem.

— Debatam sobre procrastinação, isto é, deixar tudo para o dia seguinte.

— Falem sobre bebidas, direção e vandalismo. Conversem e exijam mudanças.

— Discutam responsabilidade. Exijam dele respeito e consideração pelos outros, bem como não aceitem mentiras e que peguem dinheiro sem autorização.

— Expliquem que ele não deve fazer aos outros o que não deseja para si. Quando possível, procurem abordar esse assunto diante de algum acontecimento em que o provérbio seja apropriado.

— Não o comparem com os outros jovens.

Da mesma forma, deixem claro que:

— vocês, pais, o amam;

— vocês, pais, não são perfeitos;

— ele, adolescente, pode e deve mostrar em que os pais precisam mudar;

— caso ele tenha razões e dê o exemplo, vocês, pais, mudarão.

— diante de mudanças, vocês serão razoáveis aos pedidos moderados e merecidos dele;

— vocês, pais, não querem que ele mude de casa, e sim de hábitos.

Capítulo III
Casos graves

Até o momento, estávamos falando do jovem em risco; agora, as coisas mudaram. Em muitos casos, o jovem é um risco para a família, para a sociedade e para ele mesmo. O que fazer?

R. estava com 19 anos quando seus pais me procuraram. Todos estavam precisando de muita ajuda. O pai era um empresário bem-sucedido, porém do tipo "machão": mulher para ele era objeto sexual; listava-as e vangloriava-se em contar seus casos extraconjugais. A mãe, bem mais jovem, tinha inúmeras reclamações do marido e do filho. Vestia-se muito bem e, durante as tardes, sumia com as amigas. Havia muitas brigas e acusações mútuas.

R. usava cocaína. Foram várias as vezes em que ele e o pai brigaram de "socos e pontapés", tendo a polícia de interferir. A namorada de R. vivia roxa porque também apanhava dele. Somente a mãe era preservada. Com ela, ele se comportava como um "menininho", exigindo atenção e carinho.

O pai de R. passou a limitar o dinheiro, pois R. se estava drogando com freqüência e, agora, se tornava mais violento. Pegava o carro do pai sem autorização e sumia por dois dias. Quando acabava o dinheiro, ele "dava um jeito"; valia tudo para se drogar. Fugiu de uma perseguição policial e começou a pegar o revólver do pai.

Na cidade, "pendurava" contas e pedia dinheiro em nome da família para se drogar. Em uma de suas sumidas, bateu o carro e discutiu com o outro motorista, deixando-o esticado no asfalto, tal foi a surra que aplicara.

R. tornara-se um perigo para todos. Certa vez, apontou uma faca para o pai, pedindo dinheiro. Estava 10 quilos abaixo do peso. Seu semblante era de quem estava pactuando com a morte.

Diálogos com R., a esta altura, eram quase impossíveis. Estava cego, não percebia seu estado. Várias pessoas procuraram seus pais para alertá-los.

O problema saiu do âmbito familiar, e R. passou a roubar carros, dinheiro e objetos de valor para transformá-los em cocaína. Por telefone, prometeu matar o pai assim que o encontrasse. R. não dormia em casa e voltava, uma vez por semana, para pegar objetos de valor, chegando a bater na mãe, algumas vezes. Parece exagero, mas não é!

Vários pais já passaram por situações semelhantes. A casa desmorona. Todos passam a temer o jovem e acabam paralisados com a proporção da violência.

Conheci um caso em que os pais, aproveitando uma das sumidas do jovem, mudaram-se para lugar ignorado a fim de preservar a própria vida.

Logicamente o núcleo familiar era muito doente, e R. não se tornara um perigo do nada, contudo o mais necessitado. Seu comportamento era o de um bandido.

Quando se percebe que o quadro é grave; que o jovem está correndo risco de ser morto ou de ser preso; enfim, quando se está em uma emergência, não se deve pensar duas vezes. Em um caso típico como o de R., um dependente químico, interne-o, mesmo que à força. Dificilmente um adolescente com esse perfil teria o bom senso e o equilíbrio para perceber a real situação em que se encontra e para pedir ajuda.

Caso nada seja realizado, quero, sem fazer terror, informar que, a qualquer momento, se pode ter uma notícia horrível, como *overdose* fatal, homicídio e, não raro, o suicídio do jovem em decorrência de um surto toxicomaníaco.

Portanto, não é melhor ele estar internado? Pelo menos, está vivo e, depois da desintoxicação, terá alguma oportunidade de perceber seu quadro e iniciar o trabalho de resgate de valores, princípios e da própria vida, que está em seu limite.

Procure uma clínica fechada, ou seja, um lugar de onde ele não possa fugir e em que haja vigilância 24 horas. Contrate, também, uma remoção especializada, pois ele não irá de forma pacífica.

Normalmente, as clínicas especializadas a possuem ou indicam quem o faça.

Observei, em vários casos, que esse é um momento crucial para os pais. Muitos ficam com dó, acham horrível ter de pegar o adolescente à força, vendo-o chorar, berrar, xingar. Insisto em que, se não se fizer nada, amanhã poderá ser tarde e vir o arrependimento, e vocês se interrogarão: "Por que não o internamos?".

Lembrem-se: nesse estado, ele não se curará e não se modificará sem ajuda. E vocês, pais, e a sociedade correm riscos quando ele fica furioso.

Imediatamente, a família deve iniciar tratamento psicológico, pois, com certeza, a casa deve estar doente. Os pais devem também corrigir os erros a fim de colaborar para o tratamento do filho, cujo prognóstico, a exemplo de R., é reservado.

R. ficou internado oito meses e recaiu. Foram três internações consecutivas. Na última, ele fugiu, e não tive mais notícias.

Há casos em que a internação pode ser o segundo recurso. Sempre que houver violência, desrespeito, brigas constantes, abandono escolar, uso de drogas, mentiras, trapaças e transgressões generalizadas, mas que o adolescente, de certa forma, ainda aceita conversar e morar em casa, recomendo que se reforce tudo o que se espera dele, como princípios e regras de forma clara e segura. Por se tratar de um capítulo de casos graves, não espere mudanças apenas com as conversas. Vocês terão de agir! Lembrem-se de que estamos falando de casos mais severos e recorrentes.

Quando ele voltar a apresentar qualquer delito, os pais podem tomar as seguintes providências, de acordo com a gravidade e a freqüência:

— Se xingou com palavrões — Punição: não anotem recados telefônicos.

— Se pegou dinheiro sem ordem — Punição: retirem o som do quarto dele.

— Se iniciou uma briga com violência física, sem necessidade — Punição: não lavem suas roupas nem as passem. Deixem-nas sujas e amontoadas.

— Se colocou gasolina no carro e não pagou — Punição: recolham as chaves do carro até que ele pague a conta que pôs no nome do pai.

— Caso seja preciso, retirem até a lâmpada do quarto para que ele fique sem condições de habitá-lo.

— Sempre digam que estão dispostos a dialogar e que tudo pode melhorar.

— Mostrem a ele o que é a lei de causa e efeito, ou seja, tudo está ocorrendo dessa forma em função de seu mau comportamento. Expliquem-lhe que ninguém está querendo prejudicar a juventude dele, bem como ele não prejudicará a vida dos pais; porém, dessa maneira, ele não será aceito, até mesmo dentro de casa.

Não apliquem todas as punições de uma vez; contudo, se ele não ceder, continuem a puni-lo, nem que a lista se esgote. É aí que começa o "Decida-se".

Decida-se!

Há casos em que o adolescente é violento, transgride todas as normas sociais, envolve-se com gangues, não estuda, faz ameaças, agride os pais e não se sensibiliza com a dor de ninguém. Chega a ser perverso, força o sexo oposto a manter relações sexuais com ele. Quando flagrado em delito, não mostra medo, não se sente envergonhado e muito menos pede desculpas.

Se chegar a ser cruel a ponto de ferir outras pessoas, estaremos diante de um caso de psicopatia. Mesmo que ele não esteja envolvido com drogas, o quadro é grave e ocorre em todas as camadas sociais; apenas as causas é que são diferentes.

Normalmente, quando se atinge essa gravidade, as punições propostas, como cortar a internet e limitar o uso do carro, já não correspondem mais. Ele virou um parasita, que tentará sugá-lo usando de ameaças e de terror e, em alguns casos, fazer tipo de coitado, de "ninguém me compreende".

Deve-se tomar cuidado, pois, quando percebem que os pais adotarão medidas sérias, eles apelam para o coração, falando de sentimentos que, no fundo, não experimentam.

Logicamente que todas as estratégias aqui apresentadas, desde o diálogo até as punições, devem ser aplicadas; todavia, especificamente nos casos em que não haja vícios com drogas, o comportamento de transgressão é marcante, e é bem provável que você tenha de usar a forma imperativa: o "Decida-se!". "Ou você se modifica, volta a respeitar seus pais que o amam, bem como acata as normas da casa, estuda e/ou trabalha, ou, então, aqui em casa você não fica mais!"

Mostrem a ele que talvez a educação tenha sido falha na permissividade ou em certos aspectos, inclusive atenção, afeto, etc. Que vocês estão dispostos a mudar e ajudá-lo, porém não nos moldes da delinqüência; caso contrário, "Até logo! Procure outro lugar para morar".

Se houver ameaças severas pelo lado dele, procure ajuda, até mesmo da polícia, dependendo da extensão das ameaças e da periculosidade.

Em muitos casos em que houve mudanças, pelo menos de um convívio social melhor com os familiares, mesmo que a distância, a experiência do choque foi o que iniciou o processo.

Por relatos diversos de colegas da área do comportamento humano, a respeito desses casos graves, recomenda-se aos pais e familiares um cuidado constante.

Podem ocorrer mudanças, mas dificilmente, ao longo da vida, esses adolescentes serão pessoas responsáveis e/ou confiáveis. Contudo, se houver um enquadramento social razoável em que o jovem não burle as normas básicas de convívio social e com a família, mesmo que cada um morando em sua casa, tenha a certeza de que valeram a pena as providências tomadas.

Considerações finais

Seria injusto, em relação à conduta perigosa de um filho, colocarmos a culpa toda na casa, na família. Sabemos que são fundamentais, na formação adulta de uma criança e de um adolescente, os exemplos de casa, dos pais; porém, os problemas sociais colaboram, e muito, para a transformação ou talvez para o abalo da estrutura recebida nos lares.

Cada vez mais os jovens recebem informação e influências sociais. O mundo está precoce. Os últimos cem anos foram os de maiores transformações sociais, científicas, tecnológicas e comportamentais. A somatória desses apontamentos, com certeza, influencia a conduta agressiva de nossos jovens.

A seguir, apresento uma mensagem aos adolescentes e outra a todos os leitores. Posteriormente, os fatos sociais que interferem, direta ou indiretamente, na formação e no comportamento de nossos filhos.

Capítulo IV
Mensagens

Aos jovens

• Você vive o tempo da partida, da decolagem.
• Está na base de lançamento, como um foguete.
• Sua família era um período calmo; tudo era tranquilidade. Os outros construíam você. Agora, terminou. Abriu o sinal verde.
• Todos os que se ocupavam de você retiram os abrigos e o deixarão agir. (Alguns não se retiram bastante depressa e o atrapalham.)
• Você sente forças formidáveis:
• no seu corpo;
• no seu coração;
• no seu espírito;
apelos, forças que o propulsionam para fora de tudo o que você experimentou e provou até aqui.
• Você está encantado e inquieto diante do desconhecido. Para onde vai você?

• O painel de bordo está diante de você e é muito complicado. Como se servir dele?

Quando a gente decola:

1) Examina tudo: motor, baterias, etc.
2) Certifica-se da identidade dos passageiros — nada de indesejáveis! Verifica-se o peso da bagagem.
3) Controla severamente o *check-list*.
4) Coloca-se no início da pista e, **bem no meio dela**, experimenta toda a força dos motores.
5) Experimenta os freios andando, lembrando-se de que o que se quer é apoiar-se no ar e **voar**!

Neste momento crucial, só se pensa no **objetivo** e em mais nada. Pouco importam a paisagem ao lado do aeroporto e o movimento diverso dos outros aviões. A gente fica em silêncio, com cigarros apagados e os cintos de segurança amarrados. Mantém-se em contato com uma única emissora: a da torre de controle. Cuidado com as rádios estranhas, que interferem e distraem a atenção!

Você deve saber que:

1) há estações emissoras que interferem. Você deve detectá-las para não sintonizá-las;
2) existe em você um transmissor clandestino que você carrega na bagagem. Este é o mais difícil de localizar. Vai envená-lo durante a viagem;
3) **há uma emissão do Mestre da Vida, do Mestre do Infinito.**

"À sociedade como um todo"

Tudo o que eu sempre realmente precisava saber, aprendi no jardim de infância.

A grande parte do que eu realmente preciso para saber como viver, o que fazer, como ser, eu aprendi no jardim da infância. Não aprendi sabedoria no curso de pós-graduação, na universidade, mas, sim, no recreio do jardim da infância.

Estas são as coisas que eu aprendi: compartilhar tudo; brincar dentro das regras; não bater nos outros; pôr as coisas de volta no lugar onde você as achou; limpar sua própria sujeira; não pegar as coisas que não são suas; pedir desculpas quando você machuca alguém; lavar as mãos antes de comer; puxar a descarga; biscoitos com leite são bons para você; viver uma vida equilibrada; aprender um pouco, pensar um pouco, desenhar e pintar, cantar e dançar, planejar e trabalhar um pouco todos os dias.

Tirar uma soneguinha todos os dias; quando você enfrentar o mundo, cuidado com o trânsito; segurar a mão do outro e ficar juntos; estar atento às maravilhas; lembrar da pequena semente que plantamos no copo de plástico. As raízes vão para baixo, e a planta para cima, e ninguém realmente sabe como ou por que, mas nós somos assim.

Peixinhos dourados, *hamsters*, ratinhos brancos, e até a pequena semente no copo de plástico morre. E nós também.

E lembra seu primeiro livro de leitura e a primeira palavra que você aprendeu: olhe!

Tudo o que você precisa saber está por aí. Faça aos outros aquilo que gostaria que eles fizessem com você. Amor e higiene básica. Ecologia e política, e vida saudável.

Penso em como o mundo seria melhor se todos nós — o mundo inteiro — comêssemos biscoitos com leite todos os dias às três horas da tarde e, depois, descansássemos com o cobertor. Ou se nós tivéssemos uma política fundamental em nossa nação e as outras nações para sempre colocar as coisas de volta onde foram achadas e limpar nossa própria sujeira. E ainda é verdade: não tem importância sua idade; é melhor dar as mãos e ficar juntos.

(Traduzido do original do Pastor Robert Fulghum, da Unitarian Church, em Edmonds, Washington, EUA.)

Uma mensagem aos pais que vem do Oriente

Cair sete vezes, levantar-se oito.

A seguir, conforme anunciado na introdução deste livro, seguem dados, fatos e estatísticas que envolvem o jovem e a violência.

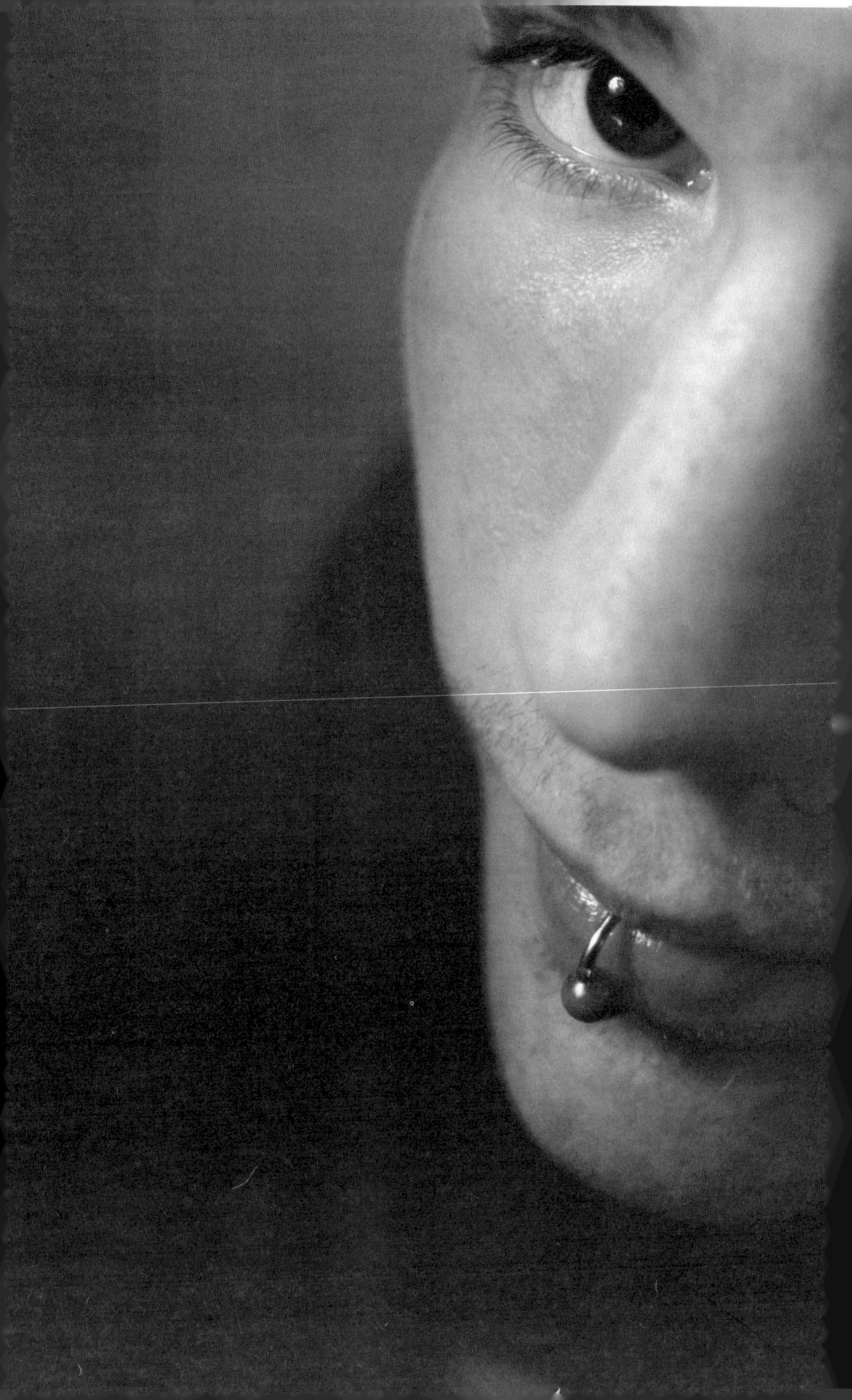

Terceira parte

Capítulo I
Desigualdade social

O Brasil está atualmente na 109ª posição no *ranking* mundial de exclusão social, medido pelo Índice de Exclusão Social (IES). Já pelo Índice de Desenvolvimento Humano (IDH), que mede o desenvolvimento dos países com base na expectativa de vida, no nível educacional e na renda *per capita*, o Brasil é o 65º país do *ranking* mundial.

Essa diferença se estabelece porque o IES mede indicadores como pobreza, desemprego, desigualdade social, alfabetização, escolarização superior, homicídios e população infantil.

O Brasil conseguiu melhorar alguns de seus principais indicadores sociais. No entanto, a distribuição de renda ainda é um dos piores problemas do País. É o que indica o Radar Social, que tem como objetivo ajudar no planejamento de políticas sociais. O Radar Social faz uma análise das condições de demografia, educação, saúde, trabalho, renda, moradia e segurança no País e aponta quais os principais problemas de cada uma dessas áreas. O governo direciona seus projetos sociais mediante as prioridades mostradas nessas análises. Sabemos, entretanto, que os problemas são muitos e que não serão solucionados de imediato.

Embora o Brasil ocupe, hoje, um lugar privilegiado em relação ao Produto Interno Bruto (PIB), o quarto maior da América, somos o 28º em exclusão.

O Relatório de Desenvolvimento Humano da Organização das Nações Unidas (ONU), preparado pelo Programa de Desenvolvimento das Nações Unidas, concluiu que o Brasil é usado como exemplo de má distribuição de renda. De acordo com o documento, "a renda dos 10% mais pobres do Brasil é menor que a dos 10% mais pobres do Vietnã". O primeiro lugar na lista de países mais desiguais do mundo ficou com a Namíbia, na África.

A desigualdade social é apontada pelo relatório como "principal entrave ao crescimento econômico, além de ser 'injusto', 'economicamente dispendioso' e 'socialmente desestabilizador'".

O desemprego também é um fator marcante nos tempos atuais do País, contribuindo para a desigualdade social com que convivemos. É bem verdade que a economia vem dando sinais de crescimento, mas, mesmo assim, os índices de desemprego são alarmantes.

Outro aspecto que chama a atenção em relação aos outros países é o homicídio dos jovens no Brasil. A cada dia são assassinados, em média,

16 crianças e adolescentes no País. As vítimas são predominantemente do sexo masculino e pertencem às classes mais baixas, e grande parte deles é de afro-descendentes.

Esse fenômeno está bastante ligado às profundas desigualdades sociais encontradas, especialmente, nos grandes centros urbanos, somadas à alta densidade populacional e à ostentação de consumo.

É certo que ainda conviveremos com o problema da desigualdade social no Brasil por muito tempo. Só não sabemos até quando.

Veja como está a distribuição da riqueza no Brasil:

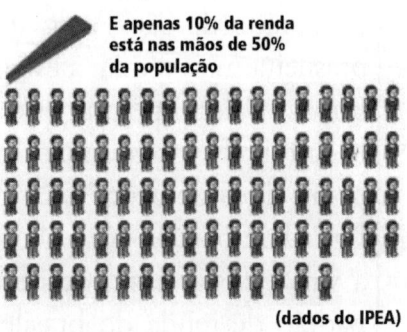

50% da renda está nas mãos de apenas 10% da população

E apenas 10% da renda está nas mãos de 50% da população

(dados do IPEA)

Para vencermos a pobreza, é preciso conhecê-la.

Dados e estatísticas

Crime e desemprego

Pesquisa inédita confirma que o desemprego dos últimos anos lançou trabalhadores no mundo do crime

(Fonte: www.revistaepoca.globo.com)

A imagem cada vez mais comum de filas de desempregados provoca um frio na espinha dos brasileiros, que amargam oito anos de ceifadeira sobre as carteiras de trabalho. O efeito mais apavorante da crise, no entanto, só foi contabilizado agora. Uma pesquisa inédita realizada pela Secretaria de Segurança Pública do Estado de São Paulo mediu o que a população brasileira mais temia: a estagnação econômica já teve impacto direto no aumento da criminalidade. O estudo foi feito no município de São Paulo, analisando os 33 tipos de ocorrências policiais mais freqüentes. Uma boa parcela delas acompanha quase mês a mês a variação nas taxas de desemprego e as quedas no padrão de renda do brasileiro. De 2001 a 2003, o ganho médio dos paulistanos caiu 18,8% e a oferta de trabalho 22%, enquanto nas ruas furtos e roubos a transeuntes aumentaram quase na mesma proporção, 23%. "Ao cruzar dados socioeconômicos e criminais foi possível provar que a extrema necessidade pode ser um incentivo ao crime", diz o professor Leandro

Piquet Carneiro, da Faculdade de Ciências Políticas da Universidade de São Paulo (USP), um dos cinco pesquisadores responsáveis pelo estudo.

Aumentou o número de crimes de "amadores", bandidos iniciantes.

A pesquisa também revelou que o grau de violência dos delitos pode variar de acordo com o nível de desespero econômico de quem os pratica. Os furtos, que não envolvem ameaça ou agressão direta às vítimas, têm uma relação mais direta com a queda na renda da população. "São crimes furtivos, em que a ocasião e o risco são mais bem controlados pelo autor, que minimiza o risco", diz Piquet. "Entre os que tiveram uma queda de renda, o crime mais comum são pequenos furtos no local de trabalho ou na rua", explica. Eles costumam ser praticados por pessoas com menor propensão à violência, vindas de ambientes sociais mais estruturados, ou por adultos, que não querem correr o risco de ser pegos pela polícia.

OS CRIMES DA FALTA DE ALTERNATIVA
Os assaltos, que envolvem ameaça às vítimas, cresceram com o aumento das taxas de desemprego

Crimes
Out/2000
Set/2003

Porcentagem

Taxa de desemprego
100
122
Cresceu 22%

Assalto a motoristas de automóveis
100
174
Subiu 74%

Estelionato
100
168
Cresceu 68%

Assalto a trocadores de ônibus
100
143
Aumentou 43%

Assalto a transeuntes
100
122
Subiu 22%

Indução de menores ao crime
100
169
Cresceu 69%

Capítulo II
Violência

A Organização das Nações Unidas para a Educação e a Cultura (Unesco) pesquisou a morte por armas de fogo em 57 países. Venezuela e Brasil aparecem no topo da lista dos mais violentos.

No Brasil, a taxa de mortalidade é de 19,54 por 100 mil habitantes. Para ter uma idéia de como é alta a utilização das armas de fogo em assassinatos no Brasil, a taxa da Argentina é de 4,34 por 100 mil habitantes, quatro vezes menor do que a brasileira.

Em se tratando de mortes violentas, o Brasil está à frente das nações onde há conflitos armados. É o caso, por exemplo, de Israel, que, envolvida em guerras por terras com o povo palestino, aparece em sexto lugar no *ranking*.

No Brasil, as armas estão ao alcance até mesmo das crianças. Segundo dados preliminares da pesquisa "Cotidiano das escolas: entre violências", da Unesco, com estudantes de 113 escolas da rede pública brasileira, cerca de 35% dos alunos afirmaram ter visto armas dentro das escolas, e 12,1% deles viram revólveres. Pelo menos um professor é agredido por dia nas escolas públicas do Brasil.

A mortalidade por arma de fogo atinge especialmente homens jovens. É a principal causa de morte nessa faixa etária, superando doenças como a *aids*, as neoplasias, as doenças cardiovasculares, os acidentes de transporte e as demais causas externas.

Mortalidade	Faixa etária			
	10 a 14	15 a 19	20 a 24	25 a 29
Armas de fogo	475	6.637	9.710	6.884
Outras causas	1.218	4.440	6.117	5.391

(Fonte: Secretaria de Vigilância em Saúde)

Os dados mostram que a mortalidade por arma de fogo no Brasil é preocupante, embora tenhamos tido uma discreta redução desses óbitos, possivelmente pelo impacto causado pelo Estatuto do Desarmamento.

Há nações mais pobres que o Brasil e quase tão desiguais como a Índia onde o nível de criminalidade é muito menor que em nosso País. A diferença está na universalidade das formas de organização popular, comunitária, econômica e religiosa. Quando a população se une e fiscaliza, a ordem social em cada comunidade, o crime decresce.

Violência (Polícia e Justiça)

As deficiências políticas, da Justiça, do sistema prisional e da polícia são realidades que colaboram para a violência.

O Brasil possui meio milhão de homens nas Polícias Militar, Civil e Federal e são os mais ineficientes em resolução, não são unidos e não trocam informações.

Não é raro a imprensa enfocar policiais envolvidos com o crime organizado, ao lado de magistrados e parlamentares. Estes, dificilmente, são afastados de suas funções por causa das "brechas" das leis, que facilitam a prescrição de crimes. Há poucos juízes, e a Justiça está sobrecarregada de processos, além das investigações policiais ineficientes. Diante desses dados, a impunidade é evidenciada e acaba incentivando a violência.

Há, ainda, insuficiência de viaturas, de coletes à prova de balas e de computadores para as delegacias, os quais facilitariam a unificação do banco de dados das forças públicas para combater a violência.

Violência doméstica

Compreende-se por violência doméstica a física, a emocional e a sexual cuja principal vítima é a criança.

A negligência é o ato da omissão do responsável pela criança ou pelo adolescente em prover as necessidades básicas para seu desenvolvimento, bem como dar carinho e afeto.

Normalmente, na infância é moldada grande parte das características afetivas e de personalidade que a criança carregará para a vida toda. As crianças aprendem com os adultos, em geral dentro de casa, as maneiras de reagir à vida e como viver em sociedade. Aprendem as noções de direito e de respeito, de auto-estima, de ética, de moral, de disciplina, de justiça, o lidar com as frustrações e todas as formas de se portar diante da vida. É assim que muitas crianças abusadas, violentadas e negligenciadas na infância se tornam agressoras na idade adulta, reforçando o pensamento de muitos de que "o homem é produto do meio".

A violência física doméstica é cometida por homens, em geral, alcoolistas ou com transtornos explosivos de personalidade, e os mais agredidos, para espanto de todos, são as crianças menores de 2 anos. Segundo dados do Laboratório de Estudos da Criança da Universidade de São Paulo (USP), 3 entre 10 crianças de zero a 12 anos são vítimas de algum tipo de violência doméstica.

Dentre todas as formas de violência doméstica, a mais complexa é a sexual, que, normalmente, fica escondida por causa da vergonha ou do medo de represália ou de descrédito.

O Jovem e a Violência

O serviço de advocacia da criança revelou que a violência sexual chega a 13% do total das denúncias de violência recebidas pelo serviço. A família foi responsável por 62% dos atos de violência sexual. O pai é o principal agressor em 59% das vezes, seguido pelo padrasto, em 25% dos casos.

Uma das boas notícias vem da Câmara dos Deputados, que aprovou o projeto de lei definindo o que é violência doméstica, provendo penas de seis meses a um ano de prisão ao agressor. Parece ser o fim das penas alternativas, como o fornecimento de cestas básicas, forma inócua de como eram punidos os criminosos.

Capítulo III
Sistema educacional

São claras as relações que existem entre jovens delinqüentes e o abandono escolar, bem como as necessidades de mudanças no ensino, desde sua qualidade até o número suficiente de vagas para que toda criança brasileira receba educação.

Recentemente, a Unesco avaliou 127 países, tomando indicadores de analfabetismo, matrícula no ensino fundamental, evasão escolar e equanimidade de acesso à escola por sexo para compor um *ranking* de qualidade educacional. O Brasil ocupa a 72ª colocação, atrás de países como o Peru, o Líbano, a Mongólia e a Jamaica.

Um dos graves problemas é a desproporção gritante entre o investimento em ensino universitário e aquele que se faz no fundamental. O custo anual do estudante de nível fundamental brasileiro (US$ 900) não se aproxima do das nações desenvolvidas, ficando bem aquém de outros países da América Latina, como o México (US$ 1.100) e Uruguai (US$ 1.000).

O ensino recebe o investimento de Primeiro Mundo, mas o dinheiro é mal aplicado. A porcentagem do PIB aplicado no ensino brasileiro é de 5,2%, enquanto em Portugal é de 5,7% e nos Estados Unidos é de 5,1%.

O estudante carente deveria ser isento de custo em qualquer instituição que freqüentasse; porém, paradoxalmente, quem freqüenta as faculdades públicas são os alunos das classes de melhor remuneração. A gratuidade das universidades públicas mereceria ser revisada: o aluno que tivesse recursos deveria pagar, e o investimento maior ficaria para os ensinos fundamental e médio.

Os problemas não param por aí. Segundo o Instituto Nacional de Estudos e Pesquisas Educacionais (Inep), do Ministério da Educação, a maioria (59,8%) dos diretores de colégios públicos obtiveram seus empregos pela via política, ou seja, pessoas que muitas vezes não possuem nenhum vínculo com a educação estão no comando da escola!

A competência de ensino, a dedicação, as habilidades pedagógicas e a segurança parecem estar ameaçadas. Seria ótimo se o Congresso repensasse sobre a educação, estabelecendo a obrigatoriedade do concurso em todo o território nacional, o cumprimento da lei em que a criança não pode ficar fora da escola, o policiamento ostensivo na rede pública de ensino, além de verbas e vagas para todos nos ensinos fundamental e médio.

Sendo a educação uma área que pode mudar o futuro dos jovens e do País, fica claro que todo investimento e melhorias nesse setor também reduzem drasticamente a violência e a delinqüência juvenil. No Estado de São Paulo, são inúmeras as escolas que abrem suas portas nos fins de semana para os alunos e seus familiares. Essa integração entre escola e família faz com que a comunidade troque informações e se conheça melhor.

Os resultados são impressionantes, pois, além de diminuir a violência e os homicídios, percebeu-se que os próprios alunos passaram a conservar mais o prédio da escola, confirmando as estimativas de que o jovem quando está ocioso é mais propenso a delinqüir.

Uma das maiores favelas da cidade de São Paulo, a de Heliópolis, depois de receber uma escola municipal (aberta nos fins de semana), uma biblioteca, uma orquestra composta de moradores jovens e aulas de teatro, teve uma redução da criminalidade e da delinqüência a quase zero.

Como se pode observar, "há luz no fim do túnel". Com a participação efetiva das Secretarias da Educação e do Desenvolvimento Social, pode haver, sim, a reinserção dos jovens carentes na sociedade.

Capítulo IV
Mãe social

Este é um dos mais belos exemplos de humanidade e de bom senso. Freud sempre defendeu que os primeiros anos de vida são marcantes em uma pessoa.

Hermann Gneimer, austríaco, criou uma organização não-governamental (ONG) para acolher crianças órfãs sem idade mínima e que seriam orientadas e educadas por uma "mãe social". Essa educação é dada por um período indeterminado. Caso a criança queira lá permanecer até a idade adulta, pelos laços estreitados, é perfeitamente viável.

Tirar a criança da rua, da marginalidade, dos maus-tratos e dar estudo, alimentação e formação profissional é responsabilidade da "mãe social" e da ONG. A "mãe social" é rigorosamente selecionada e deve permanecer anos com as crianças, dando-lhes as noções de família e de cidadania, ou seja, cria-se um lar sob a orientação dessa "mãe", que educa nove crianças em cada casa.

Fundada na Áustria e presente em 130 países, inclusive agora no Brasil, em 10 Estados e no Distrito Federal, essa ONG cria perspectivas humanas e de respeito ao cidadão. Com certeza, ajudará, e muito, na diminuição das estatísticas da violência.

Um detalhe: o que era obrigação da União, mais uma vez, parte de pessoas de boa vontade, que sustentam a ONG nos países pobres em que o cidadão nem sempre é prioridade do Estado.

Capítulo V
Drogas

Um dado curioso revelado pelo Departamento de Investigação sobre Narcóticos (Denarc) sobre o perfil dos traficantes e usuários de drogas é que, dos traficantes presos, a maioria tem emprego fixo, enquanto a maior parte dos usuários estava desempregada.

O tráfico parece ser o primeiro emprego deles, principalmente com drogas sintéticas, e o mais impressionante e inédito é que o traficante não é somente aquele indivíduo da favela. Hoje, também, é a pessoa de classe média e alta.

Dos presos por tráfico de drogas em 2004 e 2003 na capital de São Paulo, os empregados correspondiam a 72%, e os desempregados, a 28%. Em 2003, foram presos 1.157 traficantes. Em 2004, 842. Nesses dois anos, o Denarc atendeu 344 usuários homens em cada ano.

Em 2003, o Denarc atendeu 60 mulheres. Do total, 75% delas estavam desempregadas quando receberam atendimento, e 25% tinham emprego.

No ano seguinte, receberam atendimento 78 usuárias. Setenta e nove por cento delas não tinham emprego, e 21% estavam empregadas. Em 2004, 73% dos presos eram da região Sudeste.

Em um ano, a atuação das mulheres no tráfico e no consumo de drogas cresceu, enquanto a dos homens caiu. Acredita-se que o aumento das mulheres com os entorpecentes esteja relacionado com o envolvimento emocional com delinqüentes que atuam em organizações, pelo rendimento financeiro e para se socializarem. Há dez anos, o número de mulheres usuárias de drogas era de uma mulher para cada cinco homens. Hoje, para cada dois homens dependentes existe uma mulher.

É fato que as mulheres passaram a lutar pelos seus direitos, ocupam parte expressiva do mercado de trabalho, se tornaram independentes e buscam o prazer sexual de forma igual à dos homens. O outro lado da moeda é que também passaram a usar entorpecentes e a traficar.

Drogas e álcool

Cresce também o uso de álcool entre os estudantes. Noventa por cento de todos os atos de vandalismo e agressões (verbais, físicas e sexuais) e 50% dos acidentes de trânsito ocorrem porque pelo menos uma das pessoas envolvida estava bêbada.

A cidade de São Paulo tem em vigor uma lei, criada em 1999, que estabelece o fechamento de bares e casas noturnas que funcionam de portas abertas a partir de 1 hora da manhã. Contudo, a falta de fiscalização impede o cumprimento da lei municipal.

Um dado significativo ocorreu em Diadema/SP: a cidade passou do primeiro lugar no *ranking* de homicídios entre os municípios, em 1999, para o 15º lugar, em 2004. A "lei seca" a partir das 23 horas foi implantada em 2002.

Com certeza, tais medidas não resolvem o problema da violência; porém, não se pode negar a grande diferença que elas fazem no *ranking* dos homicídios das cidades.

Capítulo VI
Prostituição

Uma parceria entre a Secretaria de Estado de Direitos Humanos (SEDH), o Unicef, a Comissão Intersetorial de Enfrentamento ao Abuso e à Exploração Sexual e a Universidade de Brasília identificou 937 municípios e localidades brasileiros onde ocorrem as explorações sexuais. Desse total, 298 (31,8%) estão no Nordeste, 241 (25,7%) no Sudeste, 162 (17,3%) no Sul e 127 (13,6%) no Norte.

Envolver-se com a prostituição infantil é crime. O artigo 228 do Código Penal Brasileiro prevê, para esse crime, pena de até dez anos de prisão, e o Estatuto da Criança e do Adolescente (Lei nº 9.975/2000), em seu artigo 244, prescreve pena de quatro a dez anos de reclusão.

Outros dados relevantes dizem respeito ao abuso e à exploração sexual infanto-juvenil nas estradas brasileiras. Segundo a ONU, o Brasil é um dos recordistas na exploração sexual infanto-juvenil de toda a América Latina. Quinhentos mil jovens prostituem-se principalmente nas estradas do País. A BR-116, a BR-101 e a BR-174 lideram as estatísticas da exploração.

Em 2004, os caminhoneiros receberam cartilhas confeccionadas pela Confederação Nacional de Transportes (CNT), orientando-os a como proceder quando se depararem com casos de prostituição infantil. Uma boa notícia é a de que muitos caminhoneiros que circulam pelo Brasil se têm conscientizado e informado a população do problema.

Em todos esses dados, o mais cruel é que o índice de recuperação desses jovens é pequeno. Muitos trocam e negociam o corpo por um prato de comida, às vezes por um litro de leite, para levar aos irmãos famintos em casa. Os pais acabam apoiando esse tipo de vida, e não é raro que eles próprios tenham sido os primeiros a tocar sexualmente seus filhos.

São crianças e jovens com futuro altamente comprometedor. Violência, drogas, insensibilidade e descaso para com a vida são a provável futura conduta desses inocentes.

Capítulo VII
Por que os homens jovens são os mais violentos?

Culpa dos genes? Os homens seriam mais violentos e perversos do que as mulheres. Segundo o FBI, a polícia federal americana, e o estudo dos pesquisadores americanos Wrangham & Peterson, os homens são mais propensos a cometer tipos de crimes mais que as mulheres nos seguintes itens:
— estupro: 78 vezes mais;
— assalto: 10 vezes mais;
— assassinato: 9 vezes mais;
— incêndio criminoso: 7 vezes mais.

Além das explicações sociológicas e psicológicas, os estudiosos procuram outras explicações para a violência.

Sempre houve violência entre os homens pela busca de poder, território, vingança e rivalidades; porém, a evolução dos homens e a formação das sociedades ajudaram a diminuir, mas não a exterminar, a crueldade.

A explicação poderia estar na genética. Segundo

a psiquiatra americana Helen Morrison, um grupo de cientistas estudou por dez anos a mente dos *serial killers* e encontrou evidências de que, ainda no útero, eles teriam sofrido uma mutação no cromossomo Y. Essa transformação ficaria inativa até a adolescência, quando começassem as mudanças hormonais. Passaria a determinar um padrão de crueldade máxima e ausência de autocrítica e valores.

Para alguns psiquiatras forenses, os homens violentos apresentam taxas altas do hormônio testosterona associada a desequilíbrios de serotonina (neurotransmissores).

Outras explicações estariam no fato de ainda estarem no inconsciente dos homens os registros de lutas e crueldades dos ancestrais, o que predisporia o homem contemporâneo a atualizá-las de forma mais sofisticada, por meio de armas, até mesmo nucleares; porém, sempre foram os homens os primeiros a ativar os combates.

É claro que, como ocorre na maior parte dos distúrbios mentais causados pela genética, o meio tem um papel fundamental no desenvolvimento e na constituição da brutalidade extrema e perversa. Estudos realizados na Universidade da Califórnia, em Santa Bárbara, mostraram que crianças perfeitamente saudáveis desenvolveram muita agressividade por crescer em lares agressivos.

A possibilidade de a violência estar "escrita" nos genes talvez seja um dia provada; contudo, o meio e a cultura parecem ser realmente determinantes.

Capítulo VIII
Jogos eletrônicos

Em 2005, a Sociedade Americana de Psicologia constatou que os jovens que utilizam *games* violentos em que se mata com crueldade e com muito sangue, depois de vinte minutos dessa prática demonstraram, ao realizar testes, traços e projeções violentas.

Nesses *games*, quem pratica a violência é o jogador. Em alguns jogos, as pessoas usam drogas e chegam a mutilar corpos. A dúvida é: até que ponto esses *games* podem incitar a violência e o uso de drogas em crianças e jovens problemáticos inseridos em famílias desorganizadas? Uma pesquisa do Ipsos World Monitor realizada em dez países mostra que, no Brasil, as crianças e os adolescentes lêem menos e assistem mais à televisão. O estudo levou em conta apenas as atividades desenvolvidas fora da escola.

As crianças brasileiras reservam menos de uma hora por dia para:

— leitura (43% não lêem);

— amigos (43% não brincam com outras crianças e adolescentes);
— computador (69% não usam o aparelho);
— esportes (79% não praticam exercícios).
Contudo, elas gastam mais de três horas por dia com TV (57% têm na televisão seu principal passatempo).

Capítulo IX
Suicídio e auto-agressão

Conforme informações do Ministério da Saúde e da Secretaria de Vigilância em Saúde, o índice de suicídios no Brasil é preocupante. Talvez não tenhamos uma idéia precisa por causa de aspectos éticos envolvendo os laudos médicos dos óbitos; porém, em 2004 foram 1.223 suicídios no País com arma de fogo. No Brasil, as regiões Sudeste e Sul foram recordistas, em 2004, entre jovens de 15 a 24 anos.

Matar-se pode ter a característica de um "analgésico"; é a forma encontrada para suportar determinadas dores, tais como: maus-tratos na infância, com histórico de abuso sexual; repressão ao homossexualismo; prostituição; depressão não-diagnosticada; problemas amorosos, financeiros e trabalhistas.

Outro fato que talvez justifique tamanha violência como o suicídio é o comportamento de tantos jovens que moram com a família, mas cujo o quarto costuma ser seu "santuário", seu esconderijo, que lhes permite ficar horas isolados, falando ao telefone, ouvindo música, assistindo à televisão, navegando na internet, simplesmente alienados.

O aumento do número de jovens que agride o próprio corpo preocupa médicos e educadores. Isso nada mais é do que um pedido de socorro. Adolescentes afirmam que machucar a pele é uma forma de aplacar o sofrimento interno.

Que tipo de pai ou de mãe gostaria de saber que seu filho se corta? Todos sabem que é um sintoma e que algo não vai bem. É uma tentativa indireta de suicídio, conhecida como *cutting* (cortar-se, em inglês). É difícil alguém se cortar para seguir a moda.

Muitos justificam que se cortam para não se matar. O *cutting* também é freqüente em jovens que sofrem de depressão, de esquizofrenia e de alguns transtornos alimentares, como a anorexia e a bulimia. Todos precisam ser escutados.

Tudo indica que o jovem se comunica mais por meio das ações do que pelas palavras. Quando seus atos são destrutivos, estão mostrando suas fragilidades.

O número de transexuais que tenta o suicídio por não serem aceitos pelos pais e a sociedade é expressivo. A ciência ainda não descobriu por que certas pessoas se sentem desconfortáveis com o próprio gênero sexual. "Estima-se que um em cada 30 mil homens e uma em cada 100 mil mulheres sinta, desde criança, que seu sexo biológico não condiz com seu sexo psicológico", diz a psiquiatra Carmita Abdo, coordenadora do projeto "Sexualidade", do Hospital das Clínicas de São Paulo.

Não é à toa que tantos jovens queiram viver no ostracismo afetivo. Precisam de ajuda, e não de críticas e lições de moral, que acabam sendo uma forma de violência por parte da sociedade.

Capítulo X
Tráfico de jovens

Segundo a ONU, de 1 milhão a 4 milhões de seres humanos são traficados por ano. A maioria é de mulheres jovens, que se destinam à prostituição, cujo futuro pode ser a loucura, as doenças graves, o suicídio e a delinqüência.

Se nada for feito, dentro de três anos a atividade será a mais lucrativa do mundo do crime, rendendo mais que o tráfico de drogas e de armas. Atualmente, o comércio ilegal de pessoas já alcança o terceiro lugar em termos de lucratividade no *ranking* internacional.

Nesse comércio o pólo é exportador, obedecendo à regra de que as pessoas são levadas das regiões pobres para as ricas. Já foram identificadas 200 rotas internas de tráfico de jovens no País e cem rotas para o exterior.

Os jovens, em geral, são iludidos com promessas de bom emprego e de uma vida melhor ou acabam atraídos por propostas de casamento. Quando se descobre o engodo, é tarde demais, pois já estão reféns dos criminosos. Esse tipo de exploração é apenas uma das facetas da violência.

CONCLUSÃO

Reduzir as estatísticas que envolvem o jovem, o adolescente e as crianças no tocante à violência e à delinqüência é um trabalho de toda a sociedade. Começar em casa pelo exemplo dos pais de como se relacionar e de como resolver questões de desentendimentos, afeto e limites configura-se o alicerce dos jovens. Contudo, não é suficiente.

Muito embora a tendência seja diminuir os índices de miséria e violência, o Brasil precisa fazer muito pelos seus filhos. Seria um grande avanço se houvesse mais verbas, o melhor aproveitamento destas na educação, tornando-a profissionalizante e com merenda escolar, e o cumprimento da lei que não permite a uma só criança ficar sem freqüentar a escola.

Deve-se também acabar com a desigualdade social. Existem países com maior miséria e menor violência que o Brasil, pois neles não há tanta desigualdade. É necessário ainda abrir novas frentes de trabalho, combater a impunidade, fazer melhor distribuição de rendas, mudar as leis do Judiciário e aplicá-las indistintamente.

Outro aspecto é criar programas de orientação social e familiar aos menos esclarecidos para levar-lhes desde o planejamento familiar até o ensino do soro caseiro. Deve-se promover a saúde pública e deter o consumismo desenfreado.

Uma melhor interação dos policiais com a comunidade; o combate à prostituição infantil, às drogas e aos maus-tratos para com as crianças; e o incentivo às ONGs, a exemplo da "Mãe social", também ajudariam a mudar muito a face doentia da violência infanto-juvenil brasileira.

Quando e como chegaremos lá? Basta boa vontade dos homens que detêm o poder. Se realmente quisessem, o quadro social do Brasil seria outro, e o País não seria mais recordista mundial nas diversas modalidades da violência. Todos somos responsáveis e temos de mudar este cenário.

O escritor Paiva Netto sempre enfatizou o que os Anjos da Milícia Celeste disseram por ocasião do nascimento do Mestre Jesus: "Paz na Terra aos Homens de Boa Vontade". Assim, bastaria apenas boa vontade, e a Paz seria uma conseqüência.

Correspondência
para o autor:
haroldo-lopes@uol.com.br